Habilidades de comunicación. CTRP0008

Aránzazu Rodríguez Jover

Habilidades de comunicación. CTRP0008
© Aránzazu Rodríguez Jover

1ª Edición

© IC Editorial, 2025

Editado por: IC Editorial
c/ Cueva de Viera, 2, Local 3
Centro Negocios CADI
29200 Antequera (Málaga)
Teléfono: 952 70 60 04
Fax: 952 84 55 03
Correo electrónico: iceditorial@iceditorial.com
Internet: www.iceditorial.com

ISBN: 978-84-1184-567-0
Depósito Legal: MA 93-2025

Impresión: PODiPrint
Impreso en Andalucía – España

Nota de la editorial: IC Editorial pertenece a Innovación y Cualificación S. L.

Especialidad formativa

Se entiende por especialidad formativa la agrupación de contenidos, competencias profesionales y especificaciones técnicas que responde a un conjunto de actividades de trabajo enmarcadas en una fase del proceso de producción y con funciones afines.

Las especialidades formativas de Uso General, Formación Complementaria, Formación Modular y las especialidades formativas dirigidas a la obtención de certificados de profesionalidad se incluyen en el Fichero de Especialidades del Servicio Público de Empleo Estatal para su gestión en todo el territorio nacional por cualquier Administración competente.

Las especialidades complementarias, pertenecen todas a la Familia profesional de Formación Complementaria (FCO) y tienen la consideración de formación transversal en áreas que se consideran prioritarias tanto en el marco de la Estrategia Europea para el Empleo y del Sistema Nacional de Empleo como en las directrices establecidas por la Unión Europea. Se consideran áreas prioritarias las relativas a tecnologías de la información y la comunicación, la prevención de riesgos laborales, la sensibilización en medio ambiente, la promoción de la igualdad, la orientación profesional y aquellas otras que se establezcan por la Administración competente.

Las especialidades de Certificado de profesionalidad tienen una duración especificada en su normativa reguladora.

En el resultado de la búsqueda, se muestran las unidades de competencia, todos los módulos formativos con su duración y las unidades formativas del certificado correspondiente, con su duración. Las horas del certificado, exclusivo de las especialidades de certificado de profesionalidad, con alta igual o superior a 2008, son las horas totales más las horas del módulo de Prácticas Profesionales no Laborales.

➲ **Si la especialidad tiene unidades formativas,** las horas totales, presencial, distancia, teleformación serán igual a la suma de esas horas de las unidades formativas de los distintos módulos, sin que se repita ninguna Unidad formativa.

○ **Si la especialidad no tiene unidades formativas,** las horas totales, presencial, distancia, teleformación serán igual a las sumas de esas horas de los módulos formativos, eliminando las horas de los módulos repetidos.

https://sede.sepe.gob.es/especialidadesformativas/RXBuscadorEFRED/
BusquedaEspecialidades.do

(Fuente: Servicio Público de Empleo Estatal)

Índice

OBJETIVOS GENERALES

Los objetivos generales del **CTRP0008. Habilidades de comunicación,** son los siguientes:

- ⮑ Identificar y aplicar estrategias y técnicas de comunicación que faciliten la comunicación efectiva.
- ⮑ Identificar los factores y técnicas para favorecer la comunicación efectiva, basada en la asertividad.
- ⮑ Aplicar técnicas y estrategias de comunicación, incluyendo el análisis sobre las emociones y capacidades de los interlocutores y su gestión.

Comunicación asertiva y efectiva

Contenido

Objetivos

El objetivo general de esta Unidad de Aprendizaje es:

→ Identificar los factores y técnicas para favorecer una comunicación efectiva, basada en la asertividad.

Los objetivos específicos de esta Unidad de Aprendizaje son:

→ Describir los diferentes elementos integrantes del proceso comunicativo.

→ Definir las características de la comunicación efectiva.

→ Identificar los elementos actitudinales de la comunicación activa y empática.

→ Analizar diferentes técnicas de escucha activa y empática.

→ Enumerar las particularidades de las diferentes barreras de la comunicación humana.

→ Conocer los diferentes modelos comunicativos existentes.

→ Conocer las diferentes técnicas implementadas en los programas de entrenamiento en HH. SS.

→ Describir los diferentes requisitos de la comunicación escrita eficaz.

→ Analizar los diferentes tipos de respuesta existentes: agresiva, pasiva y asertiva.

→ Enumerar los beneficios y perjuicios de conductas que no son socialmente habilidosas.

1. Introducción

La comunicación es innata al ser humano y está presente en las diversas esferas de la vida de las personas. La comunicación incide de manera positiva o negativa en el bienestar de las personas y de las empresas. Por este motivo, la comunicación es estudiada por diversas disciplinas que persiguen identificar las diferentes variables relacionadas con la comunicación.

Dada la importancia de la comunicación para las empresas y las personas que interactúan con estas: personas trabajadoras, clientes, proveedores, etc., la comunicación es analizada por la empresa para mejorar la calidad de vida de las personas trabajadoras, la satisfacción del cliente, la productividad y las ganancias.

El análisis de aspectos relacionados con la comunicación en las empresas puede abordarse desde diversos departamentos: recursos humanos, selección de personal, prevención de riesgos laborales, departamento de ventas, etc., los cuales pueden implementar diversas actuaciones para mejorar la comunicación tanto de manera directa como de manera indirecta.

A lo largo de esta unidad se analizarán los diversos elementos relacionados con el proceso comunicativo, los cuales favorecen o dificultan el mismo, así como la ejecución coherente de los mensajes. Para ello, nos basaremos en el caso de Juan, quien ejerce en una empresa de formación y ha decidido elaborar un dosier que permita implementar a la empresa actuaciones tendentes a incidir positivamente en el proceso comunicativo.

2. Identificación de la comunicación asertiva

 HILO CONDUCTOR

Juan es conocedor de los beneficios que conlleva la comunicación asertiva para las empresas y las personas que interactúan con ellas: trabajadores, clientes, proveedores, etc. Por ello, decide elaborar un dosier que permita impartir formación genérica o específica sobre la materia.

La comunicación es estudiada y analizada por disciplinas científicas que tienen **campos de conocimiento** diversos como:

- ⮑ **Biología.** La RAE define a la biología como "la ciencia que trata de los seres vivos considerando su estructura, funcionamiento, evolución, distribución y relaciones". Dentro de sus diferentes ramas se analiza la evolución y adaptación de las especies a su entorno, considerándose que la comunicación es el intercambio de información, que motiva cambios creativos y evolutivos para asegurar la supervivencia de las especies. Las especies se transforman lentamente para hacerse más aptas y asegurar su supervivencia tal y como explicó Darwin en su teoría de las especies o Bertalanffy en su teoría general de sistemas, aplicada también en el ámbito de la computación y de las ciencias sociales.
- ⮑ **Cibernética.** Es la ciencia que estudia el intercambio de información soportado o impulsado por la computación en relación con los seres vivos y/o seres humanos. Dentro de esta ciencia destacan la teoría de la comunicación cibernética elaborada por Norbert Wiener quien, en 1948, estudió la manera en que las personas se comunican con las máquinas en su libro: *Cibernética o control y comunicación en los animales y las máquinas.*
- ⮑ **Ciencias sociales.** Según la RAE, las ciencias sociales tienen por objeto la estructura y el funcionamiento de las sociedades humanas. Existen varias ciencias que estudian los diversos aspectos relacionados con la humanidad y con la comunicación:

  1. El **periodismo,** es la actividad profesional que consiste en la obtención, tratamiento, interpretación y difusión de informaciones a través de cualquier medio: escrito, oral, visual o gráfico.
  2. La **publicidad,** es la divulgación de noticias o anuncios de carácter comercial para atraer a posibles compradores, espectadores, usuarios, etc.
  3. La **lingüística,** es el estudio teórico del lenguaje que se ocupa de métodos de investigación y de cuestiones comunes a las lenguas. Están relacionadas con la misma la Semántica (estudia el significado de los signos lingüísticos y sus combinaciones desde un punto sincrónico o diacrónico) o la Gramática (estudia los diversos elementos de una lengua y sus combinaciones).

Todas estas disciplinas establecen que la comunicación es una interacción mediante la cual se transmite información. La interacción humana se caracteriza por la existencia de conductas, pensamientos y emociones relacionados con las habilidades sociales para:

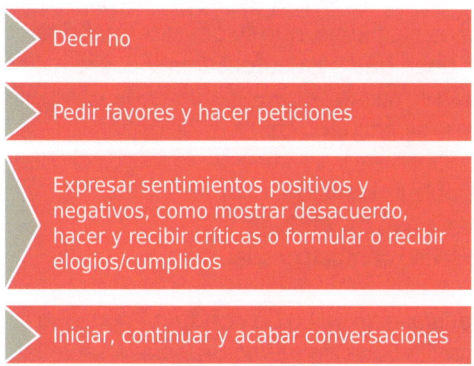

Decir no

Pedir favores y hacer peticiones

Expresar sentimientos positivos y negativos, como mostrar desacuerdo, hacer y recibir críticas o formular o recibir elogios/cumplidos

Iniciar, continuar y acabar conversaciones

La manera en que las personas realizan estas conductas conlleva la existencia de los siguientes **estilos de conducta:**

⊃ **No asertivas.** Este tipo de conductas son propias de personas que no son socialmente habilidosas, es decir, que carecen de habilidad sociales y se comportan de manera inadecuada, enmarcándose la misma dentro de uno de los siguientes estilos:

◑ **Pasiva:** en este estilo de comportamiento, la persona no defiende sus propios derechos ni sus intereses, pues no es capaz de expresar abiertamente sus sentimientos, pensamientos y opiniones como consecuencia del desconocimiento de estos, de la manera adecuada de conseguirlos o por considerar que no son importantes para terceras personas. La persona considera que expresar sus pensamientos y emociones ofende o molesta a la persona con la que interactúa. Este tipo de estilo se caracteriza por:

1. La persona se expresa de manera derrotista y utiliza disculpas.
2. Movimientos corporales nerviosos o inadecuados.
3. Volumen de voz bajo.
4. Evitación de la mirada.
5. La persona se somete y da la razón a su interlocutor sin estar conforme, razón por la cual puede sentir humillación, resentimiento o irritación. Este es el motivo por el que algunas personas tienen un estilo de comportamiento conocido como pasivo-agresivo. Renunciar a sus derechos conlleva a la acumulación de tensión, frustración y ansiedad que suele originar momentos de agresividad como consecuencia de no poder controlar sus impulsos.

6. La persona inhibe su comportamiento para evitar situaciones comprometidas.

Este tipo de conducta es propio de personas tímidas con tendencia al autoaislamiento, que se considera incompetente e inferior a los demás: tiene una baja autoestima y desea evitar el conflicto. Esta conducta se manifiesta en una serie de comportamientos típicos entre los que se encuentran:

- ⇕ Habla poco fluida.
- ⇕ Volumen de voz bajo.
- ⇕ Escaso contacto visual.

↺ **Agresiva:** este estilo de conducta persigue la dominación mediante la humillación / degradación y suele ser reflejo de una conducta ambiciosa caracterizada porque lo importante es la finalidad y no los medios utilizados para alcanzarla. En este estilo de comportamiento la persona solo defiende sus intereses / derechos, razón por la cual expresa sus sentimientos, pensamientos y opiniones de una manera inapropiada e impositiva, sin respetar los derechos de terceras personas. La persona es incapaz de controlar sus impulsos. Este estilo de comunicación puede expresarse:

1. De manera directa, mediante ofensas verbales, insultos, amenazas, humillaciones que van unidos a gestos amenazadores, tono de voz elevado, mirada retadora y no escuchar a la persona con la que interactúa.
2. De manera indirecta, mediante comentarios sarcásticos, rencorosos, rumores, etc.

⊃ **Asertivas.** Según Caballo, la conducta asertiva, conocida también como socialmente habilidosa, es aquella conducta emitida por una persona en un contexto interpersonal que expresa sentimientos, actitudes, deseos, opiniones o derechos de un modo adecuado que se caracteriza por respetar las conductas de los demás y resolver, generalmente, problemas inmediatos a la vez que minimiza la probabilidad de problemas futuros. Por tanto, la conducta asertiva no tiene por qué tener siempre como resultado la ausencia de conflictos.
Este tipo de conducta se caracteriza por:

1. Aceptación / Respeto de uno mismo, así como del otro, al que se acepta tal y como es.
2. Conllevar la empatía.

En la comunicación, la asertividad requiere que se manifieste en las diversas esferas de la comunicación para que el mensaje sea considerado como coherente. Estas esferas son:

1. La verbal, semánticamente las palabras tienen que estar acordes con el mensaje.
2. No verbal, por lo que los gestos, el tono de voz, etc., deben ser acordes al significado.

 **DEFINICIÓN**

Conducta
La RAE define la conducta como: "la manera en que las personas se comportan en su vida y sus acciones".

El estilo comportamental está directamente influenciado por:

- **Componentes cognitivos.** Los comportamientos se fundamentan en pensamientos, sentimientos y creencias, por lo que si estos son erróneos, el comportamiento no es el adecuado e impide la realización de comportamientos socialmente habilidosos.
- **Autoestima.** Las personas pueden valorarse de diversas maneras, entre las que se encuentran la pesimista (propia de un comportamiento pasivo), la acusadora (propia de un comportamiento agresivo) y la sana y realista, propia de una persona que se quiere a sí misma y, por tanto, a los demás con sus virtudes y defectos.
  La autoestima está relacionada con:

  - El autoconcepto, es decir con la forma en que la persona se ve así misma valorando aspectos relacionados con sus valores, habilidades, metas y autoconsideración.
  - La autoconfianza es la confianza que la persona tiene sobre sus capacidades, habilidades y prejuicios.
  - La autoeficacia, su propia concepción sobre la capacidad que tienen sus capacidades y habilidades para ayudarle a conseguir los objetivos que persigue.
  - El autocontrol y la autodisciplina de sus impulsos.

- **Ansiedad.** La ansiedad afecta a todas las esferas de la salud (biopsicosocial) y está ocasionada por los estresores que pueden conllevar un desgaste / agotamiento emocional por la imposibilidad de encontrar reguladores. Existen diversos estudios que indican que el estrés crónico está asociado a un proceso de despersonalización, es decir, la deshumanización en la que la persona tiene un estilo pasivo - agresivo.

El estilo comportamental puede modificarse mediante un **entrenamiento en habilidades sociales,** el cual parte de un diagnóstico previo fundamentado, entre otros aspectos, en test que evalúan las habilidades de una persona en diferentes aspectos de la comunicación:

- ⊃ Capacidad de expresarse de una manera clara y concisa.
- ⊃ Capacidad para escuchar y comprender.
- ⊃ Capacidad para resolver conflictos de manera efectiva.
- ⊃ Habilidad para adaptar el mensaje según el público objetivo.

 PARA SABER MÁS

Podrás realizar un test que analiza las habilidades de comunicación de directivos, accediendo desde aquí:

https://redirectoronline.com/ctrp00080101

2.1. Factores de la comunicación efectiva

A grandes rasgos, podemos decir que la comunicación efectiva es aquella en la que el mensaje llega de manera eficaz a las personas destinatarias (personas objetivos), lo cual requiere que la persona emisora:

Todo ello para asegurar la comprensión mutua entre las partes implicadas. Por tanto, para que exista una comprensión mutua entre las partes, se deben salvar las barreras de la comunicación relacionadas con problemas o injerencias cognoscitivas, puesto que estos dificultan la elaboración de mensajes eficaces tal y como se explicará posteriormente.

La motivación como estrategia para fomentar el cambio

La comunicación efectiva también conlleva implementar habilidades de persuasión, puesto que puede ser necesario influir en la persona receptora para que modifique sus actitudes, comportamientos o creencias. Esta función de persuasión, se fundamenta en lo establecido por Ruesch y Bateson (1956): "El concepto de comunicación vincula aquellos procesos por el cual las personas se influyen mutuamente".

El mensaje emitido persigue, por tanto, "persuadir" al receptor del mensaje para que sea consciente de que el cambio le permite satisfacer una necesidad, lo cual está en consonancia con las diversas teorías elaboradas en relación con la motivación; destacando entre las mismas la teoría de la jerarquía de las necesidades, elaborada por Maslow, y cuyo nombre responde al reconocimiento de que las necesidades se satisfacen de manera progresiva.

La Teoría de la Jerarquía de las Necesidades estableció que los comportamientos de las personas persiguen satisfacer alguna necesidad:

- ⮑ **Autorrealización.** Este tipo de necesidades están relacionadas con el crecimiento/desarrollo personal, es decir, con los objetivos que deseamos en relación con nuestra escala de valores o moralidad.
- ⮑ **Reconocimiento.** Están relacionadas con las necesidades de estima que afectan a la autoestima como ser respetado, la competencia, la autoconfianza, etc.
- ⮑ **Seguridad.** Se persigue su satisfacción cuando se han cubierto las necesidades de naturaleza fisiológica. Las necesidades de seguridad están relacionadas con la seguridad, estabilidad, dependencia, protección, ausencia de miedo, temor, caos, etc.

⮊ **Fisiológica.** Incluyen necesidades vitales para asegurar la supervivencia de la persona desde un punto de vista biológico, al permitir el correcto funcionamiento a nivel fisiológico del cuerpo humano. Son las necesidades humanas más imperiosas y están relacionadas con la necesidad de alimentarse, beber, respirar, dormir, etc.

 PARA SABER MÁS

Puedes obtener más información sobre la motivación viendo un vídeo que lo explica, al que puedes acceder desde aquí:

https://redirectoronline.com/ctrp00080102

- -

La satisfacción o insatisfacción de las necesidades conlleva que existan las siguientes **tipologías de motivación:**

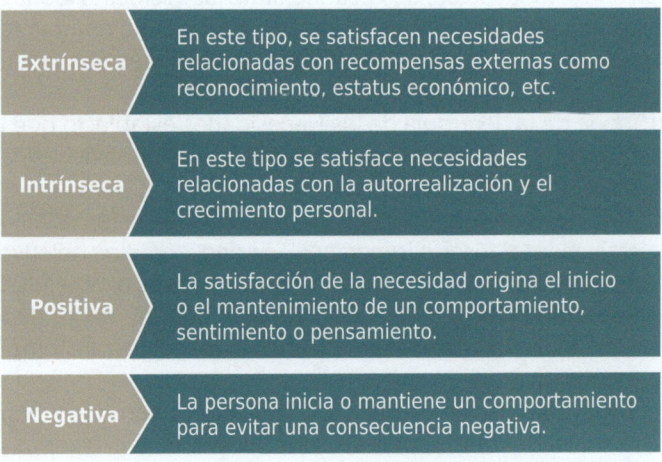

Extrínseca	En este tipo, se satisfacen necesidades relacionadas con recompensas externas como reconocimiento, estatus económico, etc.
Intrínseca	En este tipo se satisface necesidades relacionadas con la autorrealización y el crecimiento personal.
Positiva	La satisfacción de la necesidad origina el inicio o el mantenimiento de un comportamiento, sentimiento o pensamiento.
Negativa	La persona inicia o mantiene un comportamiento para evitar una consecuencia negativa.

En diversas ocasiones es necesario realizar una persuasión que vaya más allá de la mera exposición de razones puesto que, aun cuando se facilitan argumentos que muestran los beneficios como, por ejemplo, satisfacer una o varias necesidades, existe una resistencia al cambio que incide negativamente en el bienestar de la persona, que va más allá del mero impedimento de satisfacer una nueva necesidad: incluso puede afectar a la satisfacción de necesidades satisfechas previamente. Un ejemplo de ello, son las resistencias existentes en el mercado laboral ante los cambios en el trabajo y la organización aun cuando los mismos conllevan beneficios relacionados con la seguridad en el trabajo y pueden conllevar problemas disciplinarios que pueden conllevar asociados la pérdida del puesto de trabajo.

RECUERDA

La elaboración de un mensaje eficaz requiere que la persona emisora posea una serie de capacidades cognitivas que le permitan elaborar un mensaje claro, comprensivo, significativo, lógico, coherente, motivador y persuasivo, que permita el establecimiento de un proceso comunicativo.

- -

ACTIVIDAD COMPLEMENTARIA

1. Busca en recursos externos, documentos promulgados por diversas entidades pertenecientes al sector público, para ayudar a las empresas en procesos en los que está presente el proceso comunicativo. Al finalizar, elabora un listado con los cinco más interesantes.

- -

TAREA 1

La empresa de inteligencia artificial se ha puesto en contacto con una empresa de *telemarketing* con la que diversas compañías tienen contratado, además, el servicio posventa, para explicarles las ventajas que conllevaría que contratasen su servicio de IA. La empresa de *telemarketing* considera que la IA podría

Continúa en página siguiente >>

<< Viene de página anterior

ayudarle en determinados procesos, pero teme que si decide implementarla exista un conflicto laboral, ya que conllevará cambios en la organización y, además, puede generar temor a ser despedidas por dejar de ser necesarios, no adaptarse a los cambios necesarios para poder utilizar. Ante ello, la empresa vendedora de la IA pone a disposición a una persona experta en comunicación efectiva, ¿qué actuaciones realizará?

2.2. Elementos integrantes de la comunicación

La comunicación es esencial en todos los aspectos de la vida humana y ha sido, y es estudiada, por diferentes disciplinas científicas que han establecido diversas teorías que establecen diferentes elementos de la comunicación. Estas teorías se pueden agrupar en torno a los siguientes **modelos:**

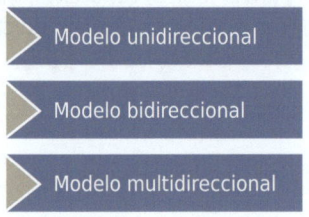

Modelo unidireccional

Modelo bidireccional

Modelo multidireccional

Modelo unidireccional

El modelo unidireccional está formado fundamentalmente por teorías tradicionales de la comunicación y establece que la comunicación es un proceso unidireccional, en el que un emisor facilita información al receptor sin que exista la posibilidad de que el mismo facilite información al emisor existiendo, por tanto, los **elementos de la comunicación** son:

- ⊃ **Emisor.** El emisor es la persona que divulga la información sobre hechos, emociones, habilidades, ideas, etc., elaborando para ello un mensaje en el que emplea palabras y/o signos. Además, el emisor es quien controla el proceso comunicativo.
- ⊃ **Mensaje.** Es elaborado por el emisor y contiene el contenido y la intencionalidad que el emisor desea.
- ⊃ **Canal.** Es el medio elegido por el emisor para trasmitir la información al receptor.

● **Receptor.** El receptor tiene una función pasiva ya que no puede trasmitir al emisor información que permita a este comprobar si mensaje se ha recibido, comprendido, si se comparte la idea, los sentimientos, los pensamientos, etc.

En este modelo de comunicación, la idea facilitada por el emisor no es refutada por el receptor, lo cual puede conllevar aparejados errores en la comunicación ocasionados, entre otros motivos, por el desconocimiento del receptor del código empleado para elaborar el mensaje. Dentro de las teorías aplicables en este modelo de comunicación, se encuentran la **Teoría del Lenguaje,** de Karl Bürhler (1918), elaborada dentro del ámbito de estudio e intervención de la lingüística, que establece que el signo no lingüístico aporta a la comunicación las siguientes **funciones:**

> Simbólica o representativa, transmite información mediante un sistema de signos representativos.

> Sintomática o expresiva, que sirve para manifestar las emociones y sentimientos.

> Señalativa o apelativa, que sirve para llamar la atención del destinatario del mensaje.

Lo aportado por esta teoría también es de aplicación en el modelo de la comunicación bidireccional y en el modelo de la comunicación multidireccional.

SABÍAS QUE...

Algunos autores consideran que este modelo de comunicación sigue imperante en la comunicación de masas, pero como se verá más adelante, las masas pueden retroalimentar al emisor.

- -

ACTIVIDAD COMPLEMENTARIA

2. Reflexiona para indicar algunos ejemplos de comunicación unidireccional que se implementan actualmente y elabora un listado con tres ejemplos.

- -

Modelo bidireccional

El modelo bidireccional surge cuando se comprueba que la comunicación conlleva una interacción entre el emisor y el receptor, las partes dialogan y se alternan el rol del emisor y del receptor.

Los elementos de este modelo de comunicación han ido evolucionando, conforme se han ido promulgando teorías explicativas que argumentan la bidireccionalidad e interacción entre los elementos comunicantes. En el desarrollo de este modelo de comunicación han influido de manera directa las **teorías** enunciadas a continuación:

- ⊃ **El Paradigma de Lasswell.** Lasswell describió en 1948 la comunicación como un proceso, estableciendo, por primera vez, los elementos de la comunicación. Para Lasswell, en la comunicación se encuentran los siguientes elementos: comunicador, mensaje, medio, audiencia, efecto.
  Esta teoría fue desarrollada con posterioridad añadiendo el propósito y las circunstancias, aspectos relacionados con la atención, percepción y reacciones del receptor.
- ⊃ **Teoría matemática de la comunicación.** Esta teoría se centra en el canal por el que se transmite la información, analizando además aspectos relacionados con la codificación del mensaje y con el ruido o ausencia de este.
  Esta teoría se fundamenta en el trabajo realizado por Alan Turing considerado como el padre de la computación moderna y de la IA. Parte de su biografía se llevó al cine en la película: *Código Enigma,* en la que se explica el proceso que A. Turing siguió para elaborar una máquina que permitió descifrar códigos y ayudó al bando aliado a ganar la II Guerra Mundial.
- ⊃ **Teoría cibernética.** El científico más representativo dentro de esta teoría es Norbert Wiener, quien en su libro *Cibernética o control y comunicación en los animales y las máquinas* (1948) analiza la manera en que las personas se comunican con las máquinas, lo cual ha sido aplicado en el cambio de la programación de ordenadores, telecomunicaciones, inteligencia artificial, etc.
  Esta teoría es importante para el modelo de comunicación bidireccional porque establece que en el proceso comunicativo existe un *feedback* o retroalimentación que fundamenta la secuencia en que se produce la trasmisión de información entre los elementos que componen la comunicación.
- ⊃ **Teoría del Lenguaje de Roman Jakobson.** Se enmarca al igual que la teoría elaborada por Bürhler en el campo de la lingüística, por lo que desarrolla las funciones del lenguaje establecidas por éste e indica, además,

que el mensaje se elabora con una intencionalidad. Las funciones que Jakobson añade al trabajo de Bürhler son:

1. Función poética, que establece que el mensaje se elabora con un fin estético, lo cual ocurre por ejemplo con la poesía.
2. Función fática o de contacto, que establece que determinados mensajes persiguen establecer o mantener relaciones e interacciones sociales.
3. Función metalingüística, está relacionada con la reflexividad: la capacidad que se tiene de analizar del lenguaje.

⊃ **Teoría General de los Sistemas de Bertalanffy.** Esta teoría es propia el Modelo de Comunicación Multidimensional puesto que analiza la comunicación de una manera holística, pero también está relacionada con el modelo de comunicación bidireccional puesto que incluye aspectos comunes a ambas como son el ambiente, las características de las partes implicadas, la retroalimentación y circularidad. Además, el concepto de homeostasis. La implementación de la homeostasis a la comunicación humana fundamenta la existencia de comportamientos pasivos, agresivos y asertivos, existiendo diversas propuestas metodológicas tendentes a aumentar la asertividad que se fundamentan en programas de control de impulsos, ansiedad, habilidades sociales, etc., fundamentados en el hecho de que las personas podemos aprender a regular y controlar las emociones. Dentro de estos programas se encuentran los Programas MBSR, que implementan los principios de la meditación y la atención plena a la par que inciden en el estrés reduciendo el mismo y los mecanismos fisiológicos relacionados con este.

⊃ **Teoría de la comunicación humana de Watzlawick.** Esta teoría se enmarca dentro de la Escuela Sistémica de Palo Alto y del interaccionismo simbólico, por lo que considera que la comunicación es una interacción social en la que se cumplen los siguientes axiomas:

☉ Es imposible no comunicar, puesto que cualquier tipo de comportamiento es una forma de comunicación.
☉ Los seres humanos se comunican tanto digital como analógicamente. La parte digital (un lenguaje verbal o no verbal formado por palabras y símbolos) y una parte analógica relacionada con el modo en que se dice el mensaje que sirve para decodificarlo.
☉ En toda comunicación existe un contenido que es decodificado por la relación existente entre las partes.
☉ La naturaleza de una relación depende de la gradación establecida por los participantes, quienes consideran que su comportamiento es una reacción del comportamiento de la otra parte. Implementar actuaciones en relación con este axioma facilita la desescalada en relaciones o situaciones conflictivas, así como la modificación de

comportamientos reiterados relacionados con frases del tipo "pues yo más", "yo también", etc.

🜂 Los intercambios de comunicación pueden ser simétricos (al mismo nivel) o complementarios (a diferente nivel), es decir los intercambios de información pueden darse entre partes que están en igualdad o partes en las que existe un desequilibrio de poder que suele manifestarse en actos de sumisión.

Dentro de los modelos de comunicación bidireccionales nos encontramos con los **elementos de la comunicación,** que se exponen a continuación.

La persona emisora y receptora

Al igual que en el modelo unidireccional, la persona emisora es aquella que trasmite la información. Puesto que el rol de transmitir información en el modelo bidireccional se altera entre el emisor y el receptor, se puede decir que es la persona que inicia la interacción social comunicativa para alcanzar una determinada finalidad. Esto requiere que se elabore un mensaje caracterizado por:

> Facilitar la información de manera cortés, cercana, ordenada y coherente.

> Enfatizar y repetir determinadas partes con la finalidad de facilitar tanto la recepción del mismo como la motivación para la acción.

> Exponer la idea de manera sencilla para facilitar la comprensión, lo cual puede conllevar la utilización de un lenguaje no técnico o profesional o el uso de unos determinados signos en función de las particularidades del emisor.

La persona emisora es aquella que implementa la función expresiva o emotiva del lenguaje, puesto que elabora mensajes con emociones y sentimientos en relación con la persona receptora, ideas, situaciones, etc., estas emociones y/o sentimientos son de naturaleza subjetiva, por lo que no tiene por qué ser compartidos por la persona receptora, ni por terceras personas.

Por su parte, la persona receptora es aquella a la que está destinado el mensaje y se convierte en emisora cuando recepciona el mensaje, y elabora un mensaje que sirve a la persona que inició la información para obtener información sobre la comprensión / decodificación del mensaje. La función de lenguaje relacionada con este elemento de la comunicación es la **función**

apelativa o conativa, que se caracteriza por querer influir en la conducta de la persona receptora para que esta:

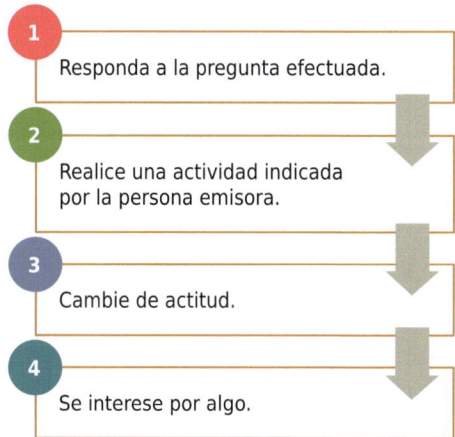

1 Responda a la pregunta efectuada.

2 Realice una actividad indicada por la persona emisora.

3 Cambie de actitud.

4 Se interese por algo.

Por su parte, los mensajes relacionados con la función **expresiva o emotiva** del mensaje se caracterizan por tener gran cantidad de interjecciones, exclamaciones, sufijos y prefijos de naturaleza intensificadora.

📣 RECUERDA

La persona emisora es la responsable de la comunicación y, por tanto, de comprobar si el mensaje ha sido entendido por la persona receptora. Para ello, puede valerse de las técnicas de escucha activa y empática que se verán con posterioridad.

El mensaje

Al igual que en el modelo unidireccional, es lo que el emisor quiere trasmitir utilizando para ello tanto un mensaje verbal como un mensaje no verbal. Para elaborar el mensaje, la persona emisora debe posicionarse en la realidad social, cultural y lingüística de la persona receptora, lo cual le permite seleccionar el lenguaje utilizado, dentro del cual se encuentran los SAAC.

 **DEFINICIÓN**

SAAC

Los Sistemas Alternativos y Aumentativos de la Comunicación, son formas de expresión diferentes al lenguaje hablado que aumentan o compensan las dificultades de comunicación que tienen determinadas personas.

Los SAAC son un sistema de símbolos que personalizados e individualizados en función de las necesidades de las personas, existiendo diversas tipologías, entre las que se encuentran:

- ➲ **Pictogramas.** Está destinado a personas con problemas de AFASIA: trastorno del lenguaje que dificulta a la persona a leer, escribir y expresar lo que quiere decir; presentes tanto en menores con TGD (Trastorno General del Desarrollo, como por ejemplo autismo) o personas adultas con deterioro cognitivo. Los pictogramas son signos visuales icónicos que representan mediante una figura un objeto dotado de significado.
- ➲ **Lenguaje signado o bimodal.** Hace referencia al lenguaje de signos, es decir a un lenguaje de carácter visual, gesticular y espacial con gramática propia que utilizan las personas con dificultades en el sistema fonador o en el sistema auditivo.
- ➲ **Lenguaje sordo - ceguera.** Es un sistema dactilar, un sistema de lengua de signos apoyado con la mano.

 PARA SABER MÁS

Puedes obtener más información sobre los SAAC en el Portal del Gobierno de Aragón.En dicha web puedes consultar diversos materiales que incluyen un catálogo de pictogramas en color con licencia *open source*, tanto para profesionales como familias. Para ello accede desde aquí:

Continúa en página siguiente >>

<< Viene de página anterior

https://redirectoronline.com/zuwxh

También puedes obtener información sobre cómo hacer pictogramas, accediendo desde aquí:

https://redirectoronline.com/ctrp00080104

Los mensajes eficaces son aquellos mensajes fáciles y comprensivos que conectan con los intereses y características emocionales de la persona receptora lo cual, como se ha indicado previamente, motiva / persuade a esta para que escuche en lugar de oír. Según H. P. Grace deben cumplir las siguientes máximas:

1
Facilitar la información esencial en función del contexto y de la respuesta que se desee obtener de la persona receptora.

2
Facilitar la veracidad, puesto que la información falsa no acorde a la realidad conlleva perder la credibilidad para la persona receptora y ésta dejará de prestar atención a los mensajes que se le faciliten.

Continúa en página siguiente >>

<< Viene de página anterior

3

El mensaje debe conectar con los intereses y características emocionales de la persona receptora.

4

El mensaje debe emitirse de los mecanismos: lenguaje, código, canal, etc., más operativo.

Cuando se emiten mensajes que tienen como finalidad despertar el interés de la persona receptora para que preste atención al mensaje, se emiten mensajes que utilizan recursos retóricos, juegos de palabras, rimas, etc. En este momento se está implementando la función poética o estética del mensaje.

El código

Al igual que en el modelo unidireccional, el emisor utiliza el sistema de signos para codificar el mensaje y el receptor para descodificarlo. Este sistema de signos está formado por el lenguaje verbal y el lenguaje no verbal, los cuales se explicarán posteriormente en esta unidad didáctica en mayor profundidad.

Según Wilson y Sperber, la persona receptora recibe un estímulo del exterior (el mensaje) y realiza las siguientes **actuaciones:**

1. **Decodifica el mensaje.** Decodifica el mensaje, utilizando para ello la lengua usada en el proceso de elaboración del mensaje. Los problemas relacionados con el código lingüístico se encuentran presentes tanto en la persona emisora como en la receptora, y tiene su origen en una atribución diferente de significado a los signos utilizados que, puede, fundamentarse en:

   ◉ **Diferencias culturales.** Los signos utilizados para trasmitir información pueden tener un significado diferente en función de la cultura siendo un ejemplo de ello que, mientras en España el semáforo en rojo significa que los coches deben frenar y esperar a que se ponga en verde para volver a circular, en Estados Unidos el semáforo rojo salvo que exista la señal *No turn on red* permite a los conductores girar a la derecha y a la izquierda en las intersecciones.
   ◉ **Problemas en los procesos cognitivos.** La cognición es la capacidad que tenemos las personas de interpretar la realidad conforme a nues-

tras experiencias previas, las cuales crean un esquema cognitivo que nos permite identificar estímulos, así como decodificar los mismos. Los problemas en los procesos cognitivos pueden tener un origen:

⇕ Intrínseco, el origen se encuentra en un problema de salud de naturaleza biológica o fisiológica como puede ser una demencia (alzhéimer) o un trastorno mental grave.

⇕ Extrínseco, adquirido y no innato a la persona que puede estar relacionado con el estilo de afrontamiento de la persona ante estresores propios de la vida diaria o a la utilización de un diferente código lingüístico.

2. **Interpreta el mensaje.** Interpreta el mensaje y al hacerlo enriquece el mensaje ya que aplica para ello la "ley del mínimo esfuerzo" y, por tanto, la persona receptora asume el mensaje que más fácil le resulta, lo que más le conviene. El proceso de interpretación está por tanto, directamente relacionado con la interpretación de la realidad que realiza la persona receptora conforme sus propias creencias, hipótesis o experiencias, pudiendo manifestarse:

◑ **Sesgo de confirmación.** Se fundamenta en experiencias previas con la persona que emite - recibe el mensaje o bien con terceras personas relacionadas con el efecto halo o efecto cuerno.
El efecto halo conlleva que, como consecuencia de reminiscencias o creencias culturales, se formulen generalizaciones erróneas positivas para una persona tras una primera impresión y le atribuimos determinadas cualidades por la posesión de otras: vestimenta, forma física, acento, etc., el efecto cuerno es lo contrario a esto.
Junto a esos efectos también nos encontramos con otros que conllevan una codificación / decodificación del mensaje fundamentados en aspectos como la raza, género (machismo) o edad (edadismo).
Para eliminar los sesgos de confirmación se utiliza el lenguaje inclusivo.

◑ **Falacias.** Hacen referencia a razonamientos incorrectos, que en apariencia son correctos, ocasionados por la falta de información, la rapidez, etc.

Para facilitar tanto la codificación como la decodificación del mensaje se realizan programas de entrenamiento en técnicas tendentes a fomentar la empatía - sincronía entre las partes. Dichas técnicas se explicarán con posterioridad.

Los mensajes que analizan el lenguaje implementan la función metalingüística, siendo este tipo de función propia de la gramática, los diccionarios, libros de texto, exposiciones sobre el lenguaje, etc.

El canal

Es el medio por el cual la persona emisora y receptora se comunican: presencialmente (aire), telefónicamente, por *e-mail,* memorando, etc. El canal de comunicación conlleva que podamos clasificar a esta en presencial, no presencial, sincrónica o asincrónica.

 **DEFINICIÓN**

Comunicación presencial
En esta modalidad de comunicación tanto la persona emisora como la receptora reciben información a través de diversos sentidos y la retroalimentación es constante. La comunicación presencial puede realizarse a través de las NNTT como, por ejemplo, mediante una videoconferencia.

Comunicación no presencial
En esta modalidad solo se accede a la comunicación oral, incluso cuando la misma es escrita como ocurre con los *e-mails* o memorando.

Comunicación sincrónica
En ella las personas interactúan en el mismo momento, de manera simultánea. Un ejemplo de comunicación sincrónica no presencial es la comunicación mediante programas de mensajería instantánea.

Comunicación asincrónica
En ella las personas no interactúan en el mismo momento, de manera simultánea, por lo que es propia de la comunicación no presencial. Un ejemplo de comunicación asincrónica es la que se origina por *e-mail* o incluso ante un mensaje de voz dejado en el contestador del teléfono.

- -

La persona emisora cuando emite mensajes relacionados con este elemento, implementa la función fática o de contacto cuando el mensaje tiene como objetivo establecer, mantener o interrumpir la comunicación: saludos, despedidas, presentaciones, felicitaciones, etc.

En relación con las presentaciones indicar que existe una serie de reglas básicas que facilitan una posterior interacción, dichas reglas son:

> Indicar el nombre de la persona que nos ha sido presentada, lo cual facilita el aprendizaje del mismo.

> En el ámbito laboral se presenta a la persona de categoría inferior a la persona con categoría superior.

> En el ámbito laboral se estrecha la mano de manera firme y breve; mientras que en la esfera personal se dan dos besos.

La retroalimentación o feedback

La retroalimentación supone un intercambio de información que puede conllevar información positiva (elogios, apreciaciones o reconocimientos) con la que reforzar una aptitud, actitud y/o comportamiento o negativa que persigue modificar estos: producir un cambio.

La retroalimentación está directamente relacionada con el bienestar de las partes que intervienen en la comunicación bidireccional o multidireccional.

 **PARA SABER MÁS**

Visualiza un vídeo donde puedes obtener más información sobre la capacidad de adaptación del ser humano, accediendo desde aquí:

https://redirectoronline.com/ctrp00080105

El contexto

Es la situación externa que rodea la interacción entre la persona emisora y la receptora. La importancia del contexto radica en que, en función de este, existen unas determinadas reglas de comportamiento / etiquetas que ayudan a codificar - decodificar el mensaje. Por este motivo se indica que la función representativa, también conocida como función de referencia, es la que predomina en mensajes que aportan información sobre el contexto. Estos mensajes persiguen trasmitir información objetiva sobre la realidad, por lo que son propios de discursos o textos expositivos que pueden, o no, tener carácter científico, es decir, de reportajes, noticias, documentales, etc., pero también pueden aportar información sobre el tratamiento que otorga la persona emisora a la receptora.

Según la RAE, las formas de tratamiento conllevan el uso de un determinado pronominal que se usa y selecciona en función del tipo de relación existente entre la persona emisora y la receptora. Los **tipos de pronominales** existentes en español son:

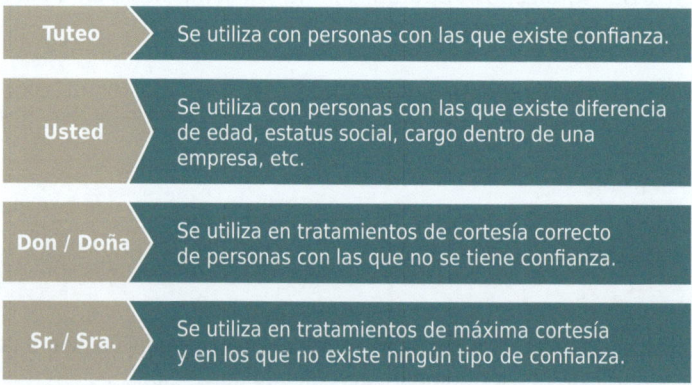

Tuteo	Se utiliza con personas con las que existe confianza.
Usted	Se utiliza con personas con las que existe diferencia de edad, estatus social, cargo dentro de una empresa, etc.
Don / Doña	Se utiliza en tratamientos de cortesía correcto de personas con las que no se tiene confianza.
Sr. / Sra.	Se utiliza en tratamientos de máxima cortesía y en los que no existe ningún tipo de confianza.

⊕ PARA SABER MÁS

Puedes ver el vídeo: *Cómo actuar ante un paciente agresivo con demencia;* donde podrás encontrar un ejemplo de cómo el contexto modifica nuestro comportamiento. Para verlo accede desde aquí:

Continúa en página siguiente >>

<< Viene de página anterior

https://redirectoronline.com/ctrp00080106

 **APLICACIÓN PRÁCTICA**

Los mensajes utilizan un determinado lenguaje verbal y no verbal. Indica cuál de los mensajes indicados a continuación está relacionado con el elemento de la comunicación persona receptora.

- **¿Que hizo qué?, ¡No me lo creo!**
- **Por favor, cierra la ventana.**
- **¡Hace un calor!**
- **Buenos días, [...].**

Solución

La función del lenguaje relacionado con la persona receptora es la función conativa o apelativa, la cual se caracteriza por elaborar mensajes que tienen como finalidad modificar el comportamiento de la persona receptora. Por tanto la respuesta correcta es:

Por favor, cierra la ventana.

Modelo multidireccional

Este modelo se diferencia del modelo bidireccional porque considera que, en el proceso comunicativo, intervienen diversas personas que utilizan el mismo canal de comunicación y en el que existen múltiples retroalimentaciones que afectan a las diferentes partes o sistemas. La teoría más representativa es **la teoría general de los sistemas,** la cual analiza las interacciones

[33]

existentes entre los diferentes sistemas que componen la sociedad y las particularidades de estos para explicar la evolución o involución de estos y de la sociedad.

 **EJEMPLO**

En las organizaciones existen diversos sistemas relacionados con la cadena de valor: subsistema gerencial, de personal, de producción, aprovisionamiento, etc., dentro de los cuales también existen subsistemas formados por individuos y grupos que interactúan / se comunican entre sí y que crean a su vez subsistemas formales (identificados fácilmente por la organización en base a criterios como la jerarquía o departamento de dependencia) y subsistemas informales (difícilmente identificados en las empresas de gran tamaño, se crean en base a aspectos como lazos de amistad, familia, creencias, etc.).

Todos estos subsistemas componen el sistema organización - empresa que forma, a su vez, parte de un microsistema, un exosistema y un macrosistema:

El microsistema hace referencia a los diferentes sistemas más próximos a la empresa, como son los subsistemas que componen el sistema de la competencia, los *stakeholders* o el sistema en el que está inserto la empresa: CEOE, CEPYME, CEPES, etc.

El sistema empresa además se relaciona con el exosistema, formado por diversos sistemas relacionados con la provisión de insumos.

El exosistema forma parte, a su vez, de un macrosistema que hace referencia a los sistemas políticos, económicos y sociales y, concretamente, a los valores y actuaciones realizadas por éstos que inciden en el exosistema y microsistema mediante la promulgación de normativa relacionada con PRL, derechos laborales, fiscalidad, etc.

2.3. Elementos actitudinales de la escucha activa y empática

La escucha activa es un comportamiento que se enmarca dentro de las conductas asertivas relacionadas con las habilidades sociales; y conlleva una serie de beneficios para:

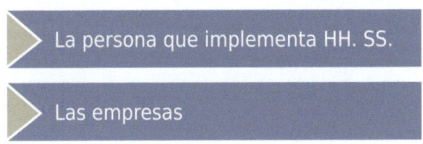

> La persona que implementa HH. SS.

> Las empresas

La escucha activa y empática favorece que las personas tengan una vida satisfactoria, reportando diversos **beneficios** para estas, como son:

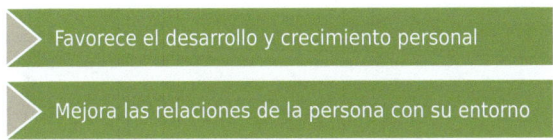

> Favorece el desarrollo y crecimiento personal

> Mejora las relaciones de la persona con su entorno

 **VÍDEO**

En el vídeo: *La importancia de la comunicación para el desarrollo personal y profesional,* puedes ver cómo la forma de comunicarse ayuda a conectar con los demás. Para verlo, accede desde aquí:

https://redirectoronline.com/ctrp00080107

Además, las empresas se benefician del nivel de desarrollo personal y de las habilidades sociales de las personas que forman parte de ellas; conllevando la escucha activa y empática diversos beneficios para las empresas, entre los que se encuentran:

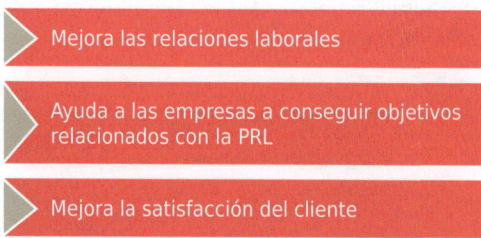

La actitud es el comportamiento que adopta una persona ante un determinado hecho, en este caso ante la transmisión de información por un emisor durante un proceso comunicativo. La persona receptora puede:

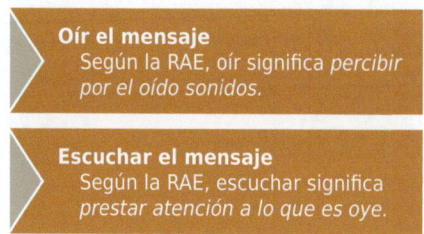

Por tanto, la escucha conlleva el **deseo** consciente por parte de la persona receptora del mensaje, es decir, conlleva una actitud activa/receptiva que se manifiesta en:

⮑ **Mentalidad abierta para escuchar a través de los diferentes sentidos.** Las personas recibimos información a través de los diferentes sentidos, lo cual fundamenta:

   ◡ El axioma de la comunicación promulgado por Watzlawick: es imposible no comunicar.
   ◡ La clasificación de comunicación verbal y no verbal.
   ◡ La realización de investigaciones que identifiquen la importancia de los diferentes elementos que componen el mensaje.

La mentalidad abierta conlleva, por tanto, centrar la atención en la persona emisora para obtener toda la información que la misma trasmite. Además, centrar la atención demuestra a la persona emisora el interés en el mensaje que nos trasmite.

- **Disposición para interpretar las actitudes y mensajes.** Esto conlleva que la persona tenga un alto nivel de conciencia en la focalización del presente, lo que se denomina conciencia plena y, además, conlleva estar presente en el momento presente sin juzgar ni reaccionar impulsivamente, por lo que requiere que la persona receptora sea objetiva y controle diferentes impulsos: no interrumpa, no saque conclusiones precipitadas, etc.

- **Capacidad de absorberlos y legitimarlos.** Para absorberlos y legitimarlos debemos comprender el significado que la otra persona nos quiere trasmitir, lo cual requiere que pongamos en práctica la escucha empática como paso previo a decodificar y reformular el mensaje recibido como paso previo a emitir una respuesta que nos cambie el rol desempeñado en la interacción: se pasa de persona receptora a persona emisora.

Otro elemento característico de la escucha activa y empática está relacionado con la disposición para poder escuchar, la persona tiene que poder centrar su percepción y conciencia en el mensaje que se le está transmitiendo.

Esta escucha activa conlleva que se produzca alguna de las siguientes **tipologías de escucha:**

- **Escucha apreciativa.** Es la que se realiza de manera relajada por ocio / entretenimiento como, por ejemplo, cuando se escucha música. Este tipo de escucha puede formar parte de programas de entrenamiento de habilidades sociales que pretenden modificar la escucha para que cambie de selectiva a empática.

- **Escucha comprensiva.** Es aquella en la que se escucha para aprender como, por ejemplo, lo que estás haciendo en el momento actual.

- **Escucha crítica.** Es aquella en la que la persona escucha para crearse una opinión en relación con un tema.

- **Escucha empática.** Es aquella en la que la persona escucha poniéndose en el lugar de la otra persona, lo cual posibilita entender el juicio / pensamiento del otro y, por tanto, el comportamiento y las intenciones de sus actos.

 **PARA SABER MÁS**

Puedes obtener más información sobre las características de la escucha activa visualizando el vídeo: *Escucha activa.* Para ello, accede desde aquí:

Continúa en página siguiente >>

<< Viene de página anterior

https://redirectoronline.com/ctrp00080108

Además, en el vídeo: *Elementos escucha activa*, puedes obtener más información sobre los elementos actitudinales de la escucha activa. Accede desde aquí para verlo:

https://redirectoronline.com/ctrp00080109

2.4. Técnicas de escucha activa y empática

Las habilidades sociales han sido estudiadas por diversas ramas profesionales como, por ejemplo, aquellas que persiguen incidir en problemas psicosociales (como la psiquiatría, la psicología o el trabajo social), problemas sociosanitarios (como son los diversos tipos de facultativo, psicología clínica, trabajo social, TCAE, etc.) o incluso en problemas laborales – empresariales (profesionales del *marketing,* orientación laboral, PRL, etc.).

Los diversos modelos metodológicos implementan técnicas para mejorar la habilidad social.

Tal y como se ha visto hasta el momento, el proceso comunicativo conlleva que tanto la persona receptora como la emisora, deban escuchar para asegurar una comunicación eficaz y beneficiosa para ambas partes. En relación con la escucha se han identificado los siguientes **momentos:**

◆ **Preescucha.** En el momento en que una persona interactúa con otra y aprecia la posibilidad de ser receptora de un mensaje se plantea determinadas preguntas para decidir si será un sistema abierto (escuchará) o cerrado (oirá) a la persona emisora y sus mensajes. La persona receptora se pregunta sobre diversos aspectos:

1. Beneficios que conlleva escuchar el mensaje.
2. Aspectos relacionados con la persona que emite el mensaje.
3. Los conocimientos que tiene sobre lo que va a escuchar, lo cual le permite dilucidar sobre la veracidad del mensaje.

◆ **Escucha.** Es el momento de escucha y, durante el mismo, la persona receptora:

1. Elabora hipótesis y predicciones sobre lo que está escuchando. Por ejemplo, un mensaje comercial.
2. Formula preguntas sobre el mensaje para corroborar una correcta decodificación.
3. Solicita información que amplie o aclare la información facilitada hasta el momento.

◆ **Posescucha.** La persona receptora emite un mensaje para comprobar si entendió correctamente el mensaje que emitió la persona emisora.

En el proceso de escucha, las personas implementamos además, una serie de técnicas de escucha activa y empática que podemos agrupar entorno a los siguientes **objetivos:**

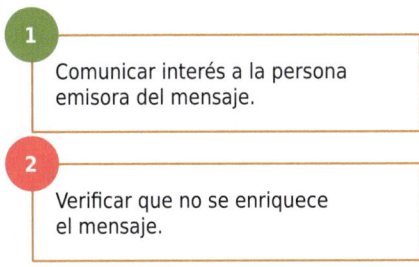

1 Comunicar interés a la persona emisora del mensaje.

2 Verificar que no se enriquece el mensaje.

Técnicas para comunicar el interés a la persona emisora del mensaje

Las técnicas para comunicar el interés a la persona emisora, conllevan la realización de una serie de actividades y tareas tendentes a asegurar y mostrar a la persona emisora una disponibilidad e interés en participar en el proceso comunicativo iniciado.

La técnica implementada por excelencia es la focalización, la cual requiere en su implementación la realización de las siguientes actividades, actuaciones y tareas por parte de la persona receptora:

◑ **Centrar la atención en la persona emisora y en el mensaje que emite.** Esto requiere que la persona receptora deje de realizar otras actividades y centre su atención en la persona emisora y en el mensaje que emite y, en caso de no ser posible, la elaboración de un mensaje asertivo que demuestre que el contexto impide iniciar un proceso comunicativo que le permita escuchar y entender el mensaje en su totalidad. A continuación, se indican algunos ejemplos:

   ◑ Ahora no puedo atenderte porque...
   ◑ En cuanto termine de...hablamos.
   ◑ Entiendo que para ti es urgente, pero ahora mismo no puedo atenderte.

◑ **Mostrar curiosidad / interés por el proceso comunicativo.** No solo hay que disponer de tiempo para poder escuchar a la persona emisora, también es necesario demostrarle que nos interesa lo que nos está trasmitiendo, con independencia del resultado de la comunicación. Este interés, se manifiesta en:

   ◑ Respeto de los tiempos establecidos por la persona emisora, lo que se traduce en no interrumpir.
   ◑ Mirar a los ojos a la persona emisora.
   ◑ Tener un comportamiento acorde con el estado emocional que trasmite la persona emisora: sonrisa, preocupación, tristeza, etc.

◑ **Autorregulación emocional.** Como se ha indicado previamente en las capacidades cognoscitivas influyen en la codificación y decodificación del mensaje y pueden motivar sesgos de confirmación, falacias, simpatía, compatía o antipatía, que originen que la persona receptora enriquezca de manera incorrecta el mensaje recibido. Por tanto, conlleva la realización de actuaciones tendentes para mejorar la percepción y eliminar la angustia, la impotencia, la rabia, el miedo o la frustración puesto que estas emociones están asociadas con:

   ◑ Generalizaciones
   ◑ Etiquetajes
   ◑ Enfocar lo negativo

- Catastrofismo
- Adivinar pensamientos

Para controlar las emociones que generan pensamientos distorsionados que apresuradamente damos por correctos, se utilizan técnicas empáticas y de verificación.

La focalización conlleva además otros beneficios, entre los que se encuentra:

- Mejora la relación entre la persona emisora y receptora.
- Facilita que existan respuestas asertivas, eficaces y empáticas.
- Promueve la reciprocidad entre persona emisora y receptora.

PARA SABER MÁS

Puedes obtener más información sobre las técnicas implementadas en la escucha activa, accediendo desde aquí:

https://redirectoronline.com/ctrp00080110

Verificar que no se ha enriquecido erróneamente el mensaje

La habilidad de la empatía requiere que la persona se conozca y se adapte intelectual y emocionalmente a la persona con la que interactúa, facilitando la decodificación del mensaje emitido al conocer las emociones y pensamientos que lo fundamentan; y posibilita además una autorregulación emocional en la persona receptora que posibilita inclusive una desescalada emocional ante situaciones de agresividad.

Para asegurarse que la persona ha entendido correctamente el mensaje puede implementar las diversas técnicas que parten de la identificación de las palabras / conceptos claves del mensaje:

➲ **Técnicas no directivas.** Se conocen también como técnicas facilitadoras de la narrativa y son aquellas que invitan a la persona a expresar libremente el mensaje, por lo que se favorece el buen clima y la confianza. Estas técnicas permiten a la persona emisora confirmar el mensaje enviado o, por el contrario, modificar el mismo a la par que contribuye a la regulación emocional de la misma, pudiendo inclusive favorecer una desescalada en la intensidad de las emociones que favorezca un comportamiento asertivo.

  ○ **Paráfrasis o reflejo del contenido.** Esta técnica es útil cuando el mensaje trasmite una gran carga emocional en lugar de información racional u objetiva. En esta técnica se repiten con palabras propias el contenido objetivo / racional del mensaje facilitado, para ello se utilizan frases del tipo "entonces, según usted / tú me dice/s lo que ocurrió fue...".

  ○ **Reflejo de emociones o sentimientos.** Se centra en la emoción manifiesta que acompaña al mensaje y permite mostrar al emisor que se ha comprendido el mensaje en su totalidad. Por ello se utilizan frases del tipo "veo que se enfadó bastante ante..." "veo que le alegró..." "veo que le entristeció...", etc.

  ○ **Resumen.** Es una síntesis de lo comunicado por la persona emisora por tanto, recoge los diversos aspectos del mensaje señalando los puntos principales del mismo y, además, conlleva una pausa en el mensaje emitido que facilita la regulación y desescalada emocional. En esta técnica se utilizan frases del tipo: "de todo lo que me ha comunicado entiendo que lo que..." (indicar emoción) "en relación con..." (hecho objetivo), "es... ¿Es correcto?"

  ○ **Clarificación.** Persigue aclarar un determinado aspecto del mensaje facilitado. En la clarificación se utilizan preguntas del tipo:

    ⇕ Disculpa/e no te/le he entendido, ¿puede repetirlo?
    ⇕ Si he comprendido correctamente su malestar está relacionado con...
    ⇕ ¿Entonces lo que más le molesta es ... o ...?
    ⇕ No me quedó clara la secuencia en la que ocurrieron los hechos, ¿podríamos volver a hablar sobre ello?

➲ **Técnicas directivas.** Son aquellas técnicas en las que la persona receptora cambia el flujo de la influencia del proceso comunicativo, dirige la comunicación utilizando preguntas abiertas o cerradas.

  1. **Indagación.** En la indagación o sondeo se utilizan preguntas abiertas y preguntas cerradas.
     Las preguntas abiertas se realizan al principio para facilitar que la persona emisora amplíe la información al permitir respuestas más

extensas. En estas preguntas se utilizan adverbios interrogativos ¿qué?, ¿por qué?, ¿para qué? Junto con estas frases se utilizan otras que permiten desarrollar la idea trasmitida ¿pasó algo más?

Las preguntas cerradas persiguen obtener información específica, por lo que en ellas se utilizan los adverbios ¿cómo?, ¿cuándo?, ¿dónde? o ¿quién /es? Junto a frases que acotan las respuestas.

2. **Interpretación.** Con la información obtenida se interpreta el mensaje que envía la persona emisora, por lo que se realizan preguntas del tipo: considera que eso puede deberse a...
3. **Encuadre.** Persigue influir en la perspectiva y actitud de la persona hacia una situación concreta, estableciendo los límites y las expectativas de la relación, lo que influye en el proceso comunicativo. Un ejemplo es la relación profesional, de amistad, padre- hijo, etc.
4. **Confrontación.** Consiste en mostrar las contradicciones en el mensaje facilitado por la persona emisora y, dado que puede conllevar situaciones conflictivas, se recomienda utilizarla cuando se ha obtenido bastante información que permite transmitir a la persona emisora la incongruencia de su mensaje. Para ello se utilizan frases del tipo: por un lado, me dice..., pero por otro...
5. **Afirmación de la capacidad.** Esta técnica persigue que la persona amplíe su perspectiva sobre su percepción de la realidad, facilitando puntos de vista positivos para la persona emisora que esta no había percibido, comprendido.
6. **Instrucciones.** Está relacionada con las instrucciones verbales que se explicarán posteriormente, cuando se profundice en las técnicas implementadas en los programas de entrenamiento en habilidades sociales.

 APLICACIÓN PRÁCTICA

Dña. Luisa se comunicó con su compañía telefónica para indicar que tenía una incidencia y tenía mala señal que le impedía recibir numerosas llamadas. La persona que le atendió le indicó que, al haber comprobado que existía una incidencia, le iban a hacer una serie de descuentos y que, además, durante el tiempo que duró la avería no recibiría ningún tipo de cargo. Dña. Luisa ha recibido la factura de telefónica y comprueba que no solo no le han aplicado los descuentos que tiene, sino que, además, le han cobrado por unos servicios que no tiene contratados. Ante ello llama a la compañía telefónica e indica que desea rescindir el contrato que tiene. La teleoperadora le indica

Continúa en página siguiente >>

<< Viene de página anterior

que "entiendo que está bastante enfadada". ¿Qué técnica se ha implementado en este caso?

Solución

El reflejo de las emociones persigue trasmitir a la persona emisora que se la entiende y comprende, lo cual permite que comience la desescalada a nivel emocional.

Técnicas y programas de entrenamiento en habilidades sociales

Las técnicas de escucha activa y empática no son innatas al ser humano, sino que se adquieren o pierden como consecuencia de la interacción entre la persona y el medio. Los estresores de la vida diaria pueden conllevar que la persona se adapte de manera disfuncional a los mismos, pierda habilidades sociales que tenía adquiridas al modificar el nuevo estilo de afrontamiento procesos mentales, creencias, etc.

En el ámbito laboral también existen programas de entrenamiento en habilidades sociales específicos para determinados colectivos y/o profesiones.

- **Modelado o retroalimentación.** Consiste en que una persona se muestra como modelo de un determinado comportamiento que hay que adquirir.
- **Instrucciones verbales.** Consiste en que la persona coordinadora del taller / curso facilita pautas de comportamiento. Las instrucciones verbales pueden ir asociadas con otra técnica o implementarse de manera aislada al inicio del taller o antes de finalizar cuando, por ejemplo, se indican tareas a realizar fuera del mismo para que se pueda facilitar una retroalimentación que evalúe la adquisición del comportamiento deseado y se introduzcan los cambios necesarios.
- **Ensayo conductual.** Consiste en que la persona implementa un determinado comportamiento en una situación controlada mientras recibe pautas comportamentales. Este tipo de técnica se implementa en los programas de inoculación de estrés.
- **Técnicas de restructuración cognitiva.** Persiguen identificar y modificar pensamientos erróneos o distorsionados que, incluso, pueden conllevar autoverbalizaciones negativas para la persona. Como paso previo a la implementación de este tipo de técnicas se trabaja con las personas la percepción, para que la persona aprecie por ella misma que existen

puntos diferentes de vista, lo que facilita que existan elementos motiva-cionales para la escucha y modificación cognitiva.

◗ **Reforzamiento.** Se facilitan consecuencias positivas en el momento de realizar el comportamiento puesto que, tal y como estipuló Pavlov, la gratificación aumenta la posibilidad de que una conducta se repita en el futuro.

◗ **Observación.** Es una forma de aprendizaje social identificado desde los trabajos de Bandura, y esta consiste en la reproducción consciente de un determinado comportamiento para obtener un determinado objetivo.

 ## ACTIVIDAD COMPLEMENTARIA

3. Utilizando recursos externos, efectúa una búsqueda sobre diversos tipos de programas de entrenamiento en habilidades sociales, eligiendo tres de ellos.

- -

 ## TAREA 2

Juan está impartiendo formación para mandos intermedios. Desea concienciar sobre los beneficios que conlleva para las personas y las empresas, la comuni-cación eficaz y asertiva. Indica qué aspectos recogería Juan en el guion sobre los contenidos a tratar en cada clase - taller.

- -

3. Ejecución coherente del mensaje, identificando las posibles interferencias

 ## HILO CONDUCTOR

Juan, como experto en comunicación humana, conoce que existen múltiples situaciones que impiden la ejecución coherente del mensaje. Estas situaciones conllevan dificultades en las interacciones sociales que afectan a las empresas.

Continúa en página siguiente >>

<< Viene de página anterior

Por este motivo, Juan decide elaborar un dosier que identifique las diferentes causas que impiden la ejecución coherente del mensaje puesto que, como docente, considera que la formación es la llave que abre todas las puertas: posibilita el crecimiento y desarrollo personal al conllevar asociados cambios cognitivos con afectaciones comportamentales.

Aun cuando la persona emisora emite un mensaje que cumple con las características descritas anteriormente, el mismo puede no ser ejecutado de manera coherente como consecuencia de problemas en la codificación – decodificación del mensaje relacionados con la existencia de barreras de la comunicación humana que ocasionen la realización de un comportamiento no adecuado a las normas sociales o a los derechos de terceras personas, y que puede manifestarse en:

- **Reacciones agresivas reactivas.** La persona receptora del mensaje interpreta que la persona emisora la está amenazando, lo que origina déficits en el procesamiento de la información. En el ámbito laboral puede manifestarse en conductas hostiles relacionadas con una supervisión abusiva, ridiculizaciones públicas o privadas, ostracismo, trato descortés o incluso actuaciones de socavamiento social que impidan a la persona establecer relaciones positivas que le permitan alcanzar sus objetivos, tener una reputación positiva y que se enmarcarían dentro de lo que se conoce como *moving*.
- **Conductas incívicas.** Se caracterizan por ser groseras y descorteses, y pueden conllevar la realización de actos tipificados como un delito en el momento actual o futuro.
- **Conductas que ocasionan un daño no intencionado.** Este tipo de conductas conllevan una incidencia en la gestión de seguridad operacional que puede ocasionar daños no intencionados para las personas implicadas, de manera directa o indirecta, en el proceso comunicativo.

3.1. La comunicación verbal y no verbal

Como se ha indicado previamente, todo mensaje tiene una parte **digital** (aquella que trasmite información mediante símbolos lingüísticos que pueden ser orales o escritos) y una **analógica** (que guarda relación con el significado y que aporta significado al signo utilizado).

Por ello en la codificación - decodificación del mensaje existe:

Significante	Es la realidad física y sensorial asociada con cada signo que compone la palabra.
Significado	Es el concepto asociado a la palabra, el cual depende del contexto.
Referente	Es el concepto asociado a la palabra.

 **EJEMPLO**

En la palabra GATO:

- El **significante** es /G/ /A/ /T/ /O/.
- El **significado** es: la RAE indica que es una palabra polisémica, indicando diversas definiciones:

  1. Mamífero de la familia de los félidos, digitígrado, doméstico, de unos 50 cm de largo desde la cabeza hasta el arranque de la cola, que por sí sola mide unos 20 cm, de cabeza redonda, lengua muy áspera, patas cortas y generalmente pelaje suave y espeso, de color blanco, gris, pardo, rojizo o negro, empleado en algunos lugares para cazar ratones.
  2. Persona nacida en Madrid.
  3. Máquina que sirve para levantar grandes pesos a poca altura, y que funciona con un engranaje y un trinquete de seguridad, o con una tuerca y husillo.

El **referente** es:

Continúa en página siguiente >>

<< Viene de página anterior

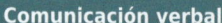

El Centro Virtual Cervantes (CVC) establece las siguientes definiciones:

> **Comunicación verbal**
> Abarca todos los signos y sistemas lingüísticos que se utilizan para comunicar.

> **Comunicación no verbal**
> Abarca todos los signos y sistemas de signos no lingüísticos que comunican o se utilizan para comunicar.

La comunicación verbal

La comunicación verbal es aquella en la que se utiliza una lengua, la cual el Instituto Cervantes indica que es, un sistema formado por **elementos**:

➲ **Fonológicos.** La RAE define el fonema como "la unidad fonológica que no puede descomponerse en unidades sucesivas menores y que es capaz de distinguir significados"; y establece que en el español existen un total de 24 fonemas, los cuales se clasifican en:

   ↻ Fonemas vocálicos: en el español existen un total de 5 vocales /a/ /e/ /i/ /o/ /u/ que en combinación con los fonemas consonánticos dan lugar a signos lingüísticos (palabras) diferentes.
   ↻ Fonemas consonánticos: en el español existen un total de 19 fonemas consonánticos que se diferencian por la forma en que se articulan, el lugar o zona de la articulación y la acción de las cuerdas vocales: /b/ /ch/ /d/ /f/ /g/ /j/ /k/ /l/ /ll/ /m/ /n/ /ñ/ /p/ /r/ /rr/ /s/ /t/ /y/ /z/.

La vocalización defectuosa de los mismos conlleva, además de problemas en la comunicación, problemas en la salud de las personas en el aparato fonador.

- **Morfológicos.** Según la RAE, el morfema es la "unidad mínima aislable en el análisis morfológico". Los morfemas pueden ser:

  - Léxicos, se conocen como afijos derivativos y contribuyen a construir el contenido conceptual de la palabra y su unión crea nuevas palabras.
  - Gramaticales, se conocen también como afijos reflexivos aquellos que aportan un significado gramatical y dan lugar a diferentes formas reflexivas de una palabra, como ocurre en los tiempos verbales, el establecimiento del género, el número, etc.

- **Léxico.** Según la RAE, el léxico es el "vocabulario, el conjunto de palabras de un idioma, o las que pertenecen al uso de una región, a una actividad determinada, a un campo semántico". El sistema léxico está compuesto por la unión de morfemas que crean:

  - Palabras simples.
  - Palabras complejas, entre las que se encuentran los compuestos sintagmáticos como gato hidráulico.
  - Locuciones.

DEFINICIÓN

Lingüística

Es la ciencia que se encarga del estudio teórico del lenguaje, ocupándose de los métodos de investigación y cuestiones comunes a las diversas lenguas.

- -

Esta disciplina científica que surge durante el s. XIX persigue diversos **objetivos,** entre los que se encuentran:

> Formular teorías generales de las lenguas naturales que expliquen cómo un fenómeno biológico incide en las interacciones sociales y el bienestar de las personas.

> Analizar los sistemas cognitivos que permiten la codificación - decodificación de los mensajes: reglas, pautas, mecanismos, etc.

Dentro de la lingüística existen las siguientes **ramas:**

⮞ **Lingüística aplicada.** Es la rama de la lingüística que se encarga de aplicar las teorías, métodos y conocimientos para solucionar problemas. Dentro de esta rama científica existen diversas disciplinas, entre las que se encuentran:

    a. Logopedia, que trata de resolver problemas que afectan a la voz, a la pronunciación y al lenguaje oral en general.
    b. Sociolingüística, que estudia la influencia que tiene en la lengua diversos factores relacionados con el uso como, por ejemplo, la edad, el origen étnico, la clase social, la educación recibida, etc.
    c. Lexicografía, que estudia los principios teóricos que se utilizan para confeccionar los diccionarios.
    d. Terminología, que analiza los términos utilizados por cada disciplina científica.
    e. Fonética aplicada, que persigue favorecer la comunicación entre las personas y las máquinas, por lo que analiza e implementa aspectos relacionados con el reconocimiento del habla.

⮞ **Lingüística del texto.** Se denomina también lingüística textual, y es aquella rama de la lingüística que analiza los textos, por lo que forma parte de diversas disciplinas científicas que analizan aspectos relacionados con el procedimiento de composición de textos escritos, destrezas lingüísticas, competencia discursiva, etc.
⮞ **Lingüística cognitiva.** También se conoce como lingüística cognoscitiva, analiza el conocimiento lingüístico en relación con otros procesos cognitivos como son la memoria, la atención, percepción, etc.

Además, dentro de la lingüística existe una disciplina que analiza el uso del lenguaje en relación con el enunciado, el contexto y los interlocutores, por lo que tiene entre sus materias objeto de estudio la intencionalidad comunicativa. Esta disciplina científica se denomina **pragmática.**

 **RECUERDA**

La comunicación verbal es aquella que utiliza los signos lingüísticos.

En función del canal que utiliza la persona emisora y receptora para trasmitir la información de naturaleza verbal, la comunicación verbal puede ser oral o escrita.

La comunicación verbal oral

La comunicación verbal oral es aquella en la que la persona emite un mensaje utilizando la voz, existiendo por tanto diversos discursos orales conversacionales en la que dos o más personas intercambian el rol de emisor y receptor negociando los enunciados.

DEFINICIÓN

Enunciado
Expresión lingüística producida por una de las personas participantes en un evento comunicativo.

La persona emisora debe poseer una serie de competencias discursivas que requieren un conocimiento lingüístico que permita a la persona emisora y receptora poder desenvolverse de manera eficaz y adecuada. El Marco Común Europeo establece que son las enunciadas a continuación:

1 Flexibilidad ante las circunstancias en que se desarrolla la comunicación.

2 Manejo de los turnos de palabra.

3 Desarrollo temático.

4 Coherencia y cohesión del texto que se elabora.

Por otro lado, indicar que en función de la negociación de los enunciados existen los siguientes **tipos de comunicación oral:**

- **Charla.** Es una exposición oral informal y distendida ante un público en el que la persona se apoya en una serie de guía o esquema que le permite asegurarse que trasmite toda la información que desea. Esta guía o esquema:

  - Establece con exactitud y precisión la idea central del mensaje.
  - Utiliza un lenguaje ameno y conciso que no resulte difícil de entender para el público.
  - Refuerza la idea central mediante el uso de citas, estadísticas, etc.

- **Conferencia.** Es una exposición formal en la que se expone información especializada y también se suele utilizar una guía o esquema.
- **Discurso.** Es una exposición oral muy formal en la que existe una presentación jerarquizada de información.
- **Diálogo.** Es una exposición oral informal entre dos o más personas en la que se utiliza un lenguaje coloquial y se abordan temas variados en un clima de confianza, respeto, distensión e interés.
- **Debate.** Es una exposición oral en la que dos o más personas facilitan opiniones contrapuestas sobre un determinado tema de forma competitiva, estática y forma que se caracteriza por requerir la escucha activa de los argumentos emitidos por la/s persona/s con la/s que se interactúa para aprender conocimientos y/o enriquecer los conocimientos de las personas que intervienen en el mismo. Además, el mensaje persigue persuadir a la parte contraria de que los argumentos otorgados son los correctos para convencer a los demás.
- **Entrevista.** Es una conversación con una o varias personas que se caracteriza porque la persona que ejerce el rol de entrevistadora realiza preguntas para obtener una información establecida de antemano relacionada con el motivo de esta.
  La entrevista de trabajo se caracteriza porque la persona entrevistadora:

  - Se prepara la entrevista analizando la información aportada previamente por la persona entrevistada a través del CV y la carta de presentación elaborada en respuesta a una oferta laboral o ante una autocandidatura.
  - Se presenta y recibe a la persona entrevistada.
  - Facilita información sobre el puesto de trabajo para obtener información sobre la adecuación de la persona al puesto: conocimiento de tareas, habilidades sociales e informar a la persona candidata de aspectos no recogidos en la oferta laboral.

- **Simposio.** Es una conversación formal en la que un grupo de personas expertas intervienen de forma sucesiva para exponer un tema existiendo, al igual que en el debate, una persona coordinadora que presenta a las personas expertas, facilita el turno de palabra y elabora un pequeño resumen tras la exposición de las personas expertas. El simposio permite que, una vez finalizadas todas las exposiciones, se establezca un turno de dudas y preguntas.
- **Panel.** Es una reunión formada por expertos en una materia que se reúnen para tomar decisiones de manera consensuada. El panel es una técnica propia del diagnóstico utilizada por diversas disciplinas.
- **Mesa redonda.** Es la exposición coordinada, por una persona designada a tal efecto, de diversas posturas y opiniones emitidas por entre 3 y 6 personas especialistas en un tema determinado. A estas personas se les otorga un tiempo determinado para que expresen sus ideas.
- **Foro.** Es una respuesta informal en la que un grupo de personas discuten un tema tras la realización de una actividad como, por ejemplo, un vídeo - fórum ante personas de un auditorio que pueden participar y facilitar su punto de vista.
- **Congreso.** Es una conversación formal que se realiza con cierta periodicidad, en la que participan expertos en una materia y se analiza un aspecto determinado.
- **Seminario.** Es una conversación formal de personas expertas en una materia que se reúnen para analizar una determinada materia compuesta por varios temas durante varios días. Las personas se dividen en grupos para analizar los diversos temas y, posteriormente, realizar una puesta en común sobre las conclusiones y aspectos más importantes de los temas.

La comunicación verbal oral se caracteriza por:

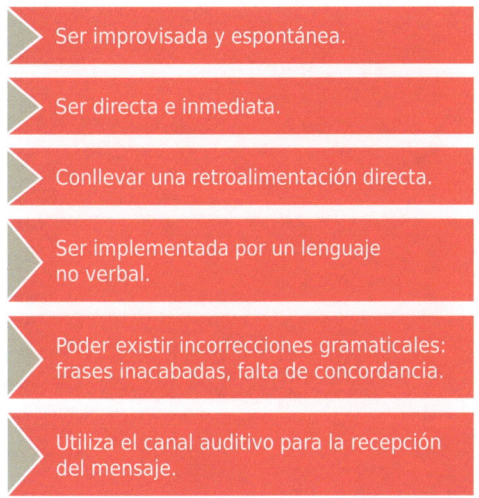

Ser improvisada y espontánea.

Ser directa e inmediata.

Conllevar una retroalimentación directa.

Ser implementada por un lenguaje no verbal.

Poder existir incorrecciones gramaticales: frases inacabadas, falta de concordancia.

Utiliza el canal auditivo para la recepción del mensaje.

Por último, indicar que tal y como establece la NTP 272: La comunicación escrita en la empresa; la **comunicación oral en la empresa** tiene las siguientes **ventajas y desventajas:**

Ventajas ✓	Desventajas ✗
- Mejor para emociones y sentimientos. - Más personal e individualizada. - Da lugar a una mayor interacción y a recibir retroalimentación. - La retroalimentación permite la modificación del mensaje para ajustarlo cuando se detectar barreras. - Generalmente es más barata. - Puede producir un mayor impacto.	- Es más difícil pensar mientras se habla. - Lo que se ha dicho no se puede eliminar, se puede rectificar. - Su duración es corta. - Es difícil de archivar salvo que se utilicen soportes audiovisuales.

La comunicación verbal escrita

La comunicación verbal escrita es recepcionada a través del canal visual y en ella se implementan técnicas de redacción para trasmitir un mensaje. Este tipo de comunicación se caracteriza por:

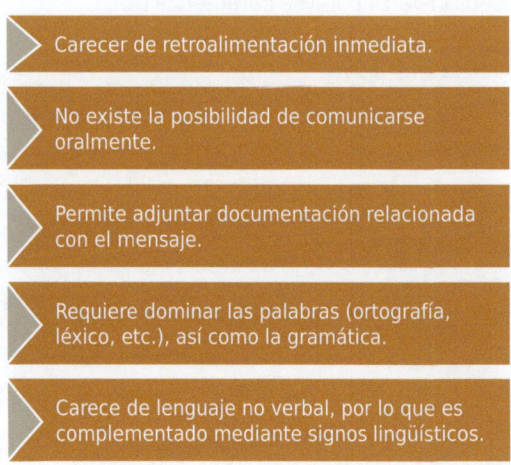

Carecer de retroalimentación inmediata.

No existe la posibilidad de comunicarse oralmente.

Permite adjuntar documentación relacionada con el mensaje.

Requiere dominar las palabras (ortografía, léxico, etc.), así como la gramática.

Carece de lenguaje no verbal, por lo que es complementado mediante signos lingüísticos.

La comunicación verbal escrita requiere el uso de unas determinadas **normas** para asegurar que el mensaje que se quiere trasmitir es el correcto, por lo que requiere:

⊃ **Destrezas para organizar el texto.** La estructura textual es la forma en la que se organiza un texto, variando el mismo en función del género discursivo relacionado con una determinada situación comunicativa. Según el Marco Europeo común de referencia para las lenguas existen cuatro tipos de uso:

  ◖ Ámbito personal, en el que se utilizan cartas, mensajes personales, publicidad comercial, etc.
  ◖ Ámbito público, en el que se utilizan carteles y etiquetas puestas en envases, anuncios, etc.
  ◖ Ámbito profesional, es aquel en el que se utilizan cartas comerciales, notas, informes, instrucciones de trabajo, tarjetas de visita, etc.
  ◖ Ámbito educativo, es aquel en el que se utilizan libros de texto, artículos científicos, diccionarios, etc.

⊃ **Destrezas lingüísticas semánticas.** Es necesario disponer de un vocabulario amplio en el que se utilice una gramática caracterizada por:

  ◖ El uso de un lenguaje claro o inequívoco que imposibilite equívocos.
  ◖ El uso de un lenguaje sencillo, utilizado de manera usual por la persona destinataria.
  ◖ El uso de un lenguaje educado / cortés.

⊃ **Disponer de recursos ortográficos y gramaticales.** Ello requiere que la persona conozca las reglas ortográficas, puesto que en español existe lo que se conoce como palabras homónimas, palabras que se pronuncian igual, pero se escriben de manera diferente y que, además, tienen diferente significado.
El lenguaje escrito no es apoyado por información no verbal, por ello se utilizan elementos lingüísticos que suplen a la comunicación no verbal, como los signos de puntuación. Los signos de puntuación se crearon para reproducir los rasgos de la comunicación oral en la escritura, por lo que se indica que:

  ◖ Estructuran el texto.
  ◖ Ordenan las ideas.
  ◖ Delimitan frases y párrafos.
  ◖ Ayudan a comprender el significado de las palabras.

⊃ **Disponer de recursos de coherencia y cohesión.** Son recursos pragmáticos de la comunicación que se encuentran en el contexto cognitivo entre la persona emisora y la receptora, así como en la carencia de información contradictoria en relación con la idea - mensaje a trasmitir.

⮑ **Seguir un determinado proceso de composición.** El Instituto Cervantes establece que en el proceso de composición escrita existen las siguientes etapas:

- Ʊ Análisis de la situación de la comunicación: conocimientos sobre el tema, destinatario del texto, propósito, etc.
- Ʊ Producción de ideas.
- Ʊ Organización de las ideas.
- Ʊ Búsqueda de la información.
- Ʊ Redacción de un borrador.
- Ʊ Revisión, reestructuración y corrección.
- Ʊ Redacción definitiva.
- Ʊ Últimos retoques.

 ## SABÍAS QUE...

La semiótica es la rama de la semántica que estudia el significado de las palabras, así como las diversas relaciones de sentido que se establecen entre ellas.

Existen diversos **tipos de documentos escritos,** entre los que se encuentran:

⮑ **Anuncio.** Es un documento breve que se redacta para avisar a un gran número de destinatarios, por lo que el lenguaje debe ser accesible para todos ellos y recoger información que permita identificar al anunciante. El anuncio también puede ser una comunicación emitida en blogs u otros medios *online* y puede informar sobre eventos, nuevos productos o servicios, datos financieros, etc.

⮑ **Informe.** Es un documento de naturaleza técnica que se elabora tras la recepción de una petición de emisión, por lo que recoge una exposición detallada y ordenada de hechos. El informe posee la siguiente estructura: portada, índice, introducción, desarrollo, conclusiones, bibliografía, anexos.

⮑ **Memorando.** Es un documento empresarial de comunicación interna que se utiliza para exponer recomendaciones, dar órdenes, solicitar algo, etc. Se caracteriza por usar un lenguaje accesible, sencillo y claro a la par que referirse a un único tema. El memorándum tiene la siguiente estructura:

◑ Cabecera: indica el emisor y receptor, el motivo y la fecha.
◑ Cuerpo: incluye la exposición de motivos.
◑ Pie: recoge la fecha y firma del responsable del departamento emisor.

➲ **Convocatoria.** Es un documento escrito por el que se cita a una o varias personas, físicas o jurídicas, a un acto en concreto: asamblea, reunión de propietarios, padres de alumnos, miembros de asociación, etc. Este documento recoge:

◑ Persona/s física o jurídica citada de manera genérica o específica.
◑ La fecha de la convocatoria, orden del día y lugar de celebración.
◑ La firma de la persona convocante.

Además, debe emitirse con suficiente antelación para asegurar la correcta recepción y asistencia de la/s persona/s citada/s.

➲ **Acta.** Es un documento escrito que recoge lo acontecido en una reunión: personas participantes, temas tratados, resultado de la votación - acuerdos adoptados, así como datos que permiten la identificación de la convocatoria: fecha, lugar y hora de celebración.

➲ **Memoria.** Es un documento que emiten las empresas para informar a la sociedad de aspectos relacionados con la empresa, por lo que incluye aspectos tan diversos como actuaciones, beneficios, etc.

➲ **Carta.** Es un documento personalizado que se emplea tanto en el ámbito personal como empresarial para trasmitir información siguiendo el esquema:

◑ Encabezado: recoge información que permite la identificación de la persona, física o jurídica, que emite la carta así como información de la persona destinataria y datos que permiten fecha a la misma.
◑ Cuerpo: incluye un saludo, un breve texto que expone de manera clara y concisa el motivo de la carta y una despedida.
◑ Cierre: recoge los datos identificativos de la persona física que emite la carta.

➲ **Invitación.** Es un documento de naturaleza formal por el cual se convoca a alguien a un acto: boda, jornada, presentación de un producto comercial, etc.

➲ **Tarjeta de visita y comerciales.** Es un documento tradicional que tiene como objetivo mantener el contacto con cualquier gestor comercial.

➲ **Telegrama/Burofax.** Es un documento oficial que sirve para transmitir mensajes de forma rápida y eficaz a la par que permite asegurar la recepción del mismo, por lo que suele ser utilizado para notificar despidos y evitar que se reclame en la vía jurisdiccional el mismo por haber incumplido plazo de preaviso u otros asuntos de naturaleza similar.

⮑ **Instancia.** Es un documento oficial mediante el cual la ciudadanía se comunica con la Administración pública. El documento tiene la siguiente estructura: datos identificativos de la persona solicitante, exposición de motivos, solicita y datos identificativos de la administración y /o departamento público al cual va dirigido.

⮑ **Oficio.** Es un documento oficial mediante el cual la Administración pública le comunica un acto administrativo a una persona, física o jurídica.

⮑ **Certificado.** Es un documento de naturaleza oficial mediante el cual se da fe de un determinado asunto.

Por último, indicar que tal y como establece la NTP 272: La **comunicación escrita en la empresa;** la comunicación escrita en la empresa tiene las siguientes **ventajas y desventajas:**

Ventajas	Desventajas
- Mejor para hechos y opiniones. - Mejor para mensajes complicados o difíciles. - Puede ser revisada, lo que permite eliminar errores antes de su emisión. - Puede llevarse un registro de esta, utilizando para ello libro de salida o de entrada.	- Requiere más tiempo. - No hay retroalimentación o esta tarda en llegar. - Existen barreras semánticas que pueden dificultar la compresión del mensaje.

La comunicación no verbal

Tal y como ponen de manifiesto diversos estudios, entre los que destacan los de Albert Mehrabian, las palabras influyen en el mensaje, aunque lo realmente importante no se comunica con las palabras tal y como pone de manifiesto la Regla de Mehrabian, según la cual solo el 7 % de nuestra comunicación está relacionada con las palabras que se pronuncian, el 93 % restante está relacionado con la voz (38 %) y el lenguaje corporal (55 %).

DEFINICIÓN

Comunicación no verbal

M. Cestero (1999): es aquella que abarca todos los signos lingüísticos y sistemas de signos no lingüísticos que comunican o se utilizan para comunicar.

En el proceso comunicativo, por tanto, se utilizan dos sistemas de comunicación (verbal y no verbal) entre los que existe una relación de continuidad, alternancia o superposición. Es decir, que el lenguaje no verbal:

> Formular teorías generales de las lenguas naturales que expliquen cómo un fenómeno biológico incide en las interacciones sociales y el bienestar de las personas.

> Repite, confirma o refuerza el mensaje oral, como por ejemplo ocurre cuando se facilitan instrucciones relacionadas con cómo llegar a una dirección.

> Contradice el mensaje verbal, como por ejemplo cuando se utiliza el tono de voz irónico o sarcástico.

> Debilita el contenido del mensaje.

Diversos profesionales indican que el lenguaje no verbal está formado por:

- **Aspecto físico.** Como se ha indicado anteriormente, existen determinados sesgos cognitivos que nos llevan a asociar el aspecto de una persona con una determinada forma de ser o de comportarse, pero además, las personas utilizamos el aspecto físico de manera consciente para indicar determinados aspectos. Por ejemplo, ponerse el pijama trasmite la información de acostarse en un período de tiempo más o menos cercano o la intención de no salir del domicilio ni recibir visitas.
- **Sistema paralingüístico.** El diccionario del Instituto Cervantes recoge que el sistema paralingüístico está formado por elementos paraverbales, es decir, por elementos vocales no lingüísticos que se producen por los

mismos órganos del aparato fonador humano que se utiliza en la comunicación oral y que se clasifican en:

1. Elementos que trasmiten cualidades y modificaciones fónicas: pueden aportar información sobre el sexo, la edad, determinados estados físicos o incluso sobre determinados estados anímicos. Estos elementos son:

    ⇕ Tono, existen tres tipos de tonos de voz:

        a. Ascendente, expresa duda, indecisión o interrogación.
        b. Descendente, expresa firmeza, determinación o confianza.
        c. Mixto, expresa ironía o sarcasmo.

    ⇕ Timbre, es un registro que nos permite reconocer a una persona. Existen cuatro tipos de timbre que se relacionan con los siguientes tipos de voces identificadas en la música:

        a. Muy bajo, se correspondería con la voz bajo.
        b. Medio bajo, se correspondería con la voz de un tenor.
        c. Alto, se correspondería con la voz de contralto.
        d. Medio, se correspondería con la voz de una soprano.

    ⇕ Cantidad, velocidad, que puede expresar tranquilidad, intranquilidad y provocar a la vez en la persona emisora emociones como aburrimiento, impaciencia, nerviosismo, etc. Una velocidad excesiva impide también la plena compresión del mensaje.
    ⇕ Volumen, sirve para asegurar que el mensaje es recepcionado, pero también para enfatizar determinadas partes del mensaje.
    ⇕ Claridad, hace referencia a la vocalización. Determinados problemas de salud pueden conllevar dificultades para transmitir de manera correcta un mensaje, pero también pueden existir dificultades ocasionadas por el desconocimiento del idioma.

2. Indicadores sonoros de reacciones fisiológicas y emocionales, como pueden ser el llanto, la risa, un bostezo, carraspeo, suspiro, etc.
3. Elementos cuasi-léxicos: incluyen vocalizaciones que se denominan interjecciones y onomatopeyas.
4. Pausas y silencios: las pausas son la ausencia del habla durante un período de tiempo para facilitar que la otra persona asuma el rol de emisora y los silencios se consideran un fallo comunicativo puesto que la persona que tiene que asumir el rol de emisora no asume tal rol.

- ➲ **Sistema kinésico.** Se conoce también como lenguaje cinésico o quinésico, y se refiere a la información que se trasmite a través de movimientos corporales, por lo que se analiza información sobre gestos, posturas corporales, expresiones faciales, miradas, etc. Estos elementos se agrupan en las siguientes categorías:

1. Emblemas, son gestos que sustituyen a una palabra o frase corta como, por ejemplo, cerrar el puño con el dedo pulgar hacia arriba que significa estar de acuerdo con el mensaje recibido.
2. Ilustradores, son gestos que refuerzan el mensaje verbal que se trasmiten como, por ejemplo, señalar lo que se nombra.
3. Reguladores, son gestos que regulan el intercambio comunicativo como, por ejemplo, levantar la palma de la mano o bien mover la cabeza en sentido descendiente para indicar que se está conforme con lo que se indica.
4. Expresivos / afectivos, la teoría elaborada por Paul Ekman de analizar las emociones y las microemociones, así como la teoría de las inteligencias múltiples, establecen la manera en que se puede mejorar el conocimiento y control de estas.
5. Adaptadores, que hacen referencia a gestos implementados de manera inconsciente como por ejemplo taparse los ojos por vergüenza.

- **Sistema proxémico.** Fue creado por Edward Hall, quien analizó la distancia que utilizamos las personas para comunicarnos y estableció las siguientes distancias:

- Distancia íntima, en ella las personas que participan en el proceso comunicativo están separadas por hasta 45 cm. Esta distancia es utilizada en encuentros en los que se transmiten emociones afectivas positivas relacionadas con el amor, la protección o el consuelo.
- Distancia personal, en ella las personas que participan en el proceso comunicativo están separadas entre 46 y 120 cm, la distancia utilizada en el trabajo.
- Distancia social, la distancia entre las personas que interaccionan en el proceso comunicativo es entre 121 y 360 cm. Es la distancia que se mantiene con personas con las que no se tiene ningún tipo de relación amistosa.
- Distancia pública, es aquella que supera los 360 cm y es propia de conferencias, charlas, simposios, etc.

 RECUERDA

La implementación de un lenguaje no verbal eficaz y asertivo conlleva beneficios para las personas y las empresas, siendo un ejemplo de ello la implementación de la prosodia en el ámbito de la prevención de riesgos laborales.

3.2. Barreras de la comunicación

Las barreras de la comunicación son aquellos aspectos que dificultan o impiden la comunicación, afectan a la correcta transmisión o interpretación del mensaje.

Existen las siguientes **tipologías:**

Psicológicas	Físicas	Semánticas	Fisiológicas	Sociológicas

La mala comunicación puede crear malentendidos entre los agentes.

 PARA SABER MÁS

Puedes conocer once ejemplos de diferentes barreras en la comunicación, accediendo desde aquí:

https://redirectoronline.com/ctrp00080111

Barreras psicológicas

Están relacionadas con las emociones y los pensamientos de la persona emisora y/o receptora, que también están presentes en la relación existente entre las personas que participan en el proceso comunicativo.

Cuando interactuamos y nos comunicamos con otras personas percibimos estímulos verbales y no verbales que son interpretados por nuestro cerebro de manera consciente o inconsciente.

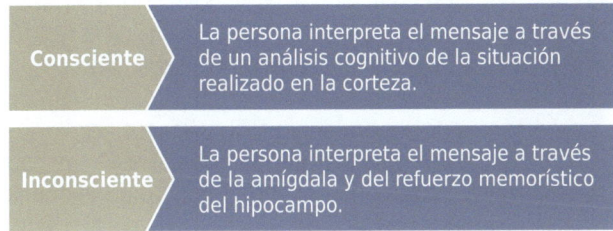

Consciente La persona interpreta el mensaje a través de un análisis cognitivo de la situación realizado en la corteza.

Inconsciente La persona interpreta el mensaje a través de la amígdala y del refuerzo memorístico del hipocampo.

La persona puede responder de manera asertiva, pasiva o agresiva ante un estímulo que genera emociones o sentimientos negativos, pero también puede implementar mecanismos de defensa.

 **DEFINICIÓN**

Mecanismo de defensa
Proceso inconsciente que utiliza la persona para protegerse de emociones o pensamientos que le causan malestar en diversas esferas.

Existen diversos **tipos de mecanismos de defensa,** entre los que se encuentran:

1. **Negación.** La persona rechaza determinados aspectos de la realidad por considerarlos desagradables. Este tipo de mecanismo de defensa puede incluirse en el estilo de afrontamiento de personas con locus de control externo: la persona considera que la manera en que interactúa con el exterior (con el mundo) no conlleva tipo de reacción, es decir, que no existe la acción-reacción.

2. **Retraimiento.** Este mecanismo de defensa implementa comportamientos evitativos en los que la persona evita interactuar con la persona o situación que le genera sentimientos negativos.

3. **Proyección.** Es un mecanismo de defensa en el cual atribuye a otras cualidades, positivas o negativas, que son propias de ella. Algunos ejemplos de proyección son los celos, que pueden estar ocasionados por la lucha interior de una persona por ser fiel a su pareja y que conlleva que considere que su pareja puede no ganar dicha lucha y serle infiel.

4. **Control omnipotente.** Está basado en la idea de que todo lo que se desea se puede conseguir, lo cual puede conllevar depresión cuando se comprueba que en la vida existen cosas que se pueden conseguir y otras que no.

5. **Disociación.** La disociación se manifiesta mediante:

   ◡ La existencia de sentimientos ambivalentes.
   ◡ El olvido o la amnesia de hechos que generan gran sufrimiento.
   ◡ La despersonalización conlleva que la persona considere que es un mero observador de su vida.

6. **Desplazamiento.** Consiste en transferir sentimientos negativos de una persona a otra, la cual como se dice coloquialmente "paga el pato".

Barreras físicas

Son aquellas que están presentes en el medio/canal por el que se trasmite y recepciona el mensaje que impiden la comunicación, siendo un ejemplo de ello:

- La existencia de ruido que impide a la persona receptora escuchar y oír el mensaje que se emite.
- Problemas relacionados con los medios y/o con la tecnología, usados para trasmitir el mensaje: rotura de pantalla de ordenador/TV, de altavoz, falta de cobertura, etc.
- Problemas relacionados con el exceso o defecto de luz.
- Problemas ocasionados por la distancia existente entre las personas que interactúan.
- Problemas ocasionados por la existencia de elementos externos que dificultan la percepción de estímulos, como pueden ser las cortinas o cristales.
- Las barreras arquitectónicas que impiden a una persona con discapacidad acceder a determinados mensajes escritos que no son complementados con mensajes de naturaleza auditiva.

Barreras semánticas

Son aquellas causadas por el desconocimiento del código lingüístico implementado tanto en la codificación como en la descodificación del mensaje.

 **VÍDEO**

Puedes ver un vídeo para conocer más sobre las barreras semánticas en la comunicación, accediendo desde aquí:

https://redirectoronline.com/ctrp00080112

Barreras fisiológicas

Hacen referencia a problemas en la comunicación ocasionados por **problemas de salud** de la persona emisora y/o receptora, los cuales podemos agrupar en:

- **Auditivos.** La audición es uno de los sentidos por el cual recibimos información y existen diversos problemas tipos de problemas auditivos:

  - Hipoacusia, consiste en que la persona tiene una pérdida auditiva que puede solventarse con el uso de audífonos o implantes.
  - Tinnitus o acúfeno, consiste en que la persona percibe un ruido que no tiene fuente externa y puede dificultar la escucha de los estímulos del exterior.
  - Sordera, que consiste en que la persona no percibe los sonidos por una disfunción en alguna de las partes del sistema auditivo.

- **Visuales.** La vista es uno de los sentidos por el cual recibimos información del exterior, y existen diversos problemas visuales que pueden influir en la comunicación entre los que se encuentran:

  - Discromatopsia o daltonismo: es una enfermedad que conlleva dificultad para distinguir colores, existiendo diversos grados de afectación.
  - Miopía o hipermetropía: son afectaciones visuales que conllevan dificultad para ver objetos lejanos y cercanos respectivamente.
  - Astigmatismo: es una afectación que conlleva una visión borrosa o distorsionada.
  - Ceguera: es decir, la falta de visión. Puede ser parcial, total, diurna o nocturna.
  - Debilidad visual: que puede incluir vista parcial en uno o ambos ojos, pobreza en la agudeza visual, visión de túnel, visión nublada o pérdida del campo central.

  Los problemas visuales conllevan que la persona tenga dificultades para acceder con facilidad al mensaje o incluso que no pueda acceder al mismo.

- **Cognoscitivos.** Existen personas que tiene una discapacidad intelectual que les dificulta la comprensión de los mensajes o incluso elaborar mensajes.
  Para solventar estas barreras existen:

  - Programas informáticos específicos que ayudan a utilizar un ordenador que habla por la persona.
  - Lenguajes específicos, como pictogramas.
  - Lectura fácil, que persigue hacer entendible el contenido para personas con problemas intelectuales.

Para solventar este tipo de problemas se utiliza:

- **Diseño universal.** Se ha establecido normativamente que los entornos, procesos, bienes, productos y servicios, así como objetos, instrumentos, herramientas y dispositivos deben de ser comprensibles, utilizables y practicables para todo el mundo.
  En España el CEAPAT (Centro de Referencia Estatal para la Autonomía Personal y Ayudas Técnicas) persigue facilitar la accesibilidad e inserción social de las personas. Además, se han promulgado diversas normativas que persiguen facilitar la interacción con el medio entre las personas con discapacidad sensorial o intelectual y el medio. Esta normativa establece la obligación de facilitar información de forma comprensible utilizando diversas formas de comunicación: gráfica, verbal y táctil de manera simultánea.

● **Comunicación inclusiva.** Es aquella en la que se persigue que la comunicación sea accesible a todas las personas, razón por la cual utiliza diversas estrategias entre las que se encuentra:

1. El uso de una comunicación multimodal que utiliza diversos medios semióticos de manera simultánea, como puede ser utilizar de manera simultánea el lenguaje oral y el lenguaje escrito, el uso simultáneo de señales visuales y acústicas, uso de subtítulos, uso de lengua ordinaria y SAAC de manera simultánea, etc.
2. La audiodescripción.
3. El uso de la lengua de signos e intérpretes.
4. El uso de lo que se conoce como lectura fácil.
5. El uso de terminología inclusiva.

● **Herramientas de apoyo.** Dentro de las herramientas de apoyo a la comunicación se encuentran tanto los SAAC indicados anteriormente en esta misma unidad como lo que se denomina lectura fácil, que es un método para crear y adaptar documentos que resultan más fáciles de entender. La lectura fácil es un método de escritura adaptado para personas con discapacidad intelectual.

 PARA SABER MÁS

Puedes obtener más información sobre el diseño universal en la web de la CEA-PAT (Centro de Referencia Estatal de Autonomía Personal y Ayudas Técnicas) o en su canal de YouTube, accediendo desde aquí:

https://redirectoronline.com/ctrp00080113

Barreras socioculturales

Las personas somos seres sociales y, por ello, desde nuestro nacimiento comenzamos un proceso de socialización en el que adquirimos, además de las referidas habilidades sociales, valores personales y sociales que nos permiten dar significado tanto al lenguaje verbal como al no verbal. La socialización conlleva la creación de determinados procesos cognitivos que pueden conllevar asociados estereotipos, es decir, imágenes mentales esquemáticas y simplificadas compartidas por la sociedad en relación con las creencias sobre un grupo de personas que sirven a la sociedad / comunidad o grupo de referencia para explicar la realidad y sirven para crear la estrategia de afrontamiento ante determinados comportamientos o relaciones interpersonales / intergrupales. Este tipo de barreras pueden conllevar prejuicios y situaciones discriminatorias.

3.3. Estilos de respuesta de comunicación verbal

Las personas percibimos el mundo de manera visual, auditiva o de manera kinésica; y tendemos a responder conforme a nuestro patrón comunicacional, sin embargo, aun cuando la comunicación verbal representa el 7 % de la comunicación, es la forma más extendida de comunicarse puesto que favorece la ejecución coherente del mensaje e incide de manera positiva en las barreras de la comunicación.

 PARA SABER MÁS

Puedes realizar un test para descubrir la manera en que percibes el mundo, accediendo desde aquí:

https://redirectoronline.com/ctrp00080114

Tal y como se ha indicado previamente, existen tres tipos de patrones com-portamentales: asertivo, agresivo y pasivo, que están presentes en el proceso comunicativo verbal y no verbal.

 **APLICACIÓN PRÁCTICA**

Los patrones comportamentales de asertividad, agresividad y pasividad pueden estar presentes de manera simultánea. Visualiza un vídeo donde se ejemplifican estos patrones al que puedes acceder desde aquí:

https://redirectoronline.com/ctrp00080115

A continuación, indica qué personajes y en qué momento realiza un comportamiento asertivo.

Solución

A la cigüeña le gusta su trabajo de repartir animales por el mundo, pero quiere repartir los animales sintiéndose segura. Para la cigüeña es importante que existan diferencias, pero también su seguridad. La cigüeña implementa la resiliencia, se adapta ante situaciones adversas con resultados positivos, de manera que puede vivir sin sufrir lesiones mientras continúa realizando una labor que le gusta y ha elegido de manera voluntaria.

La comunicación verbal agresiva

La comunicación verbal agresiva es aquella que se caracteriza porque la persona emisora no respeta los derechos, sentimientos ni intereses de la persona receptora del mensaje, es decir, que tiene una postura egocéntrica y emite mensajes que agreden verbalmente a la persona receptora.

La comunicación verbal agresiva puede manifestarse en el entorno laboral de diferentes maneras:

- **Discriminación.** Conlleva la realización de conductas no deseadas por la persona trabajadora que es perjudicada profesionalmente por una cualidad personal como:

  - La edad
  - El sexo
  - La etnia, raza o nación
  - La religión
  - La orientación sexual
  - La ideología
  - La situación familiar
  - La enfermedad
  - La discapacidad

  Este tipo de comportamiento conlleva sanciones para las empresas y las personas físicas que las realizan.
- **Acoso laboral.** Conlleva que la persona trabajadora esté expuesta a conductas violentas reiteradas y prolongadas en el tiempo. El acoso laboral puede ser:

  1. Acoso descendiente, entendido como la presión ejercida de manera sistemática y prolongada en el tiempo por una persona que ocupa profesionalmente un cargo superior.
  2. Acoso horizontal, entendido como la presión ejercida de manera sistemática y prolongada en el tiempo por un trabajador, trabajadora o grupo de personas relacionadas sobre uno de sus compañeros/as.
  3. Acoso ascendente, entendido como la presión ejercida de manera sistemática y prolongada en el tiempo por una persona trabajadora o grupo de personas trabajadoras sobre una persona superior jerárquicamente.

- **Acoso sexual.** Es cualquier comportamiento verbal o físico de naturaleza sexual que tenga el propósito o produzca el efecto de atentar contra una persona, en particular cuando se crea un entorno intimatorio, degradante u ofensivo. El acoso sexual se diferencia de las aproximaciones libremente aceptadas y recíprocas porque no son deseadas por la persona que es objeto de estas. Un único episodio puede ser constitutivo de acoso sexual.
- **Conflicto laboral.** Situación generada por un desencuentro entre dos o más personas trabajadoras en su quehacer profesional como resultado de una incompatibilidad laboral de objetivos, recursos, expectativas, percepciones o valores que interfiere en el funcionamiento normal de

los procesos de la organización, en el rendimiento y en la salud de las personas trabajadoras afectadas directa o indirectamente.

La violencia laboral conlleva un gran sufrimiento para las personas, así como problemas de salud biopsicosociales y, por este motivo, se interviene en relación con la misma desde los siguientes ámbitos:

- ➲ **Prevención de riesgos laborales.** La Ley 31/1995, de 8 de noviembre, de Prevención de Riesgos Laborales establece como una obligación de los empresarios prevenir los riesgos laborales, los cuales incluyen los riesgos conocidos como psicosociales y, dentro de estos se encuentra la violencia laboral.

- ➲ **Derechos sociales / Derechos humanos.** Todas las empresas, con independencia de su tamaño, tienen la obligación de promover condiciones de trabajo que eviten la comisión de delitos y conductas que atentan contra la integridad moral y libertad sexual de las personas que trabajan en la misma en virtud de lo estipulado en diversa normativa, entre la que se encuentra:

  - ☙ Ley 15/2022, de 12 de julio, integral para la igualdad de trato y la no discriminación.
  - ☙ Real Decreto Legislativo 2/2015, de 23 de octubre, por el que se aprueba el texto refundido de la Ley del Estatuto de los Trabajadores.
  - ☙ Real Decreto Legislativo 1/2013, de 29 de noviembre, por el que se aprueba el Texto Refundido de la Ley General de derechos de las personas con discapacidad y de su inclusión social.
  - ☙ Real Decreto 901/2020, de 13 de octubre, por el que se regulan los planes de igualdad y su registro y de modifica el R. D. 713/2020, de 28 de mayo, sobre registro y depósito de convenios y acuerdos colectivos de trabajo.

- ➲ **Jurisdiccional.** La implementación de actuaciones violentas en el ámbito laboral puede conllevar sanciones para las personas que las realizan, pero también para las empresas y los empresarios.
  Las personas que realizan conductas violentas cometen comportamientos que son punibles y conlleva responsabilidad:

  - ☙ Penal, la misma la establece la L. O. 10/1995, de 23 de noviembre, del Código Penal.
  - ☙ Civil, conforme a lo estipulado en el Código Electrónico promulgado por el BOE denominado "Código de Responsabilidad Civil".

La empresa y/o persona que ostenta la dirección de esta puede ser declarada responsable de la violencia laboral en virtud de lo estipulado normativamente en relación con la Responsabilidad por hechos propios (incumplimiento de obligaciones legales en materia de prevención de riesgos laborales o derechos sociales), pero también como consecuencia de lo que se denomina Responsabilidad por hechos ajenos que regula el art 1902 y 1903 del Código Civil. Ello, motiva que se les puede imponer infracciones de naturaleza:

Administrativa, recogidas en el R. D. Legislativo 5/2000, de 4 agosto, por el que se aprueba el texto refundido de la Ley sobre infracciones y sanciones en el Orden Social.
Penal, recogidas en los art. 31 bis, 31 ter, 31 quater y en el art. 33 de la L. O. 1/1995, de 23 de noviembre, del Código Penal.

 **APLICACIÓN PRÁCTICA**

Indica cuál de las siguientes conductas es propia del acoso sexual, sin perjuicio de que puedan ser constitutivas de otro tipo de infracciones o agresiones.

- **Dejar a la persona sin ocupación efectiva o incomunicada sin una causa que lo justifique.**
- **Ocupar a la persona en tareas inútiles que no tiene valor productivo.**
- **Observaciones sugerentes, bromas o comentarios sobre la apariencia o condición sexual.**
- **La presión legítima de exigir lo que se pacta o las normas que existen.**

Solución

La respuesta correcta es la siguiente:

Observaciones sugerentes, bromas o comentarios sobre la apariencia o condición sexual.

Puesto que el acoso sexual es cualquier comportamiento, verbal o físico, de naturaleza sexual que tiene como propósito, o produzca, el efecto de atentar contra una persona trabajadora y que crea un entorno intimidatorio, degradante u ofensivo.

ACTIVIDAD COMPLEMENTARIA

4. Busca algunos recursos que te permitan elaborar protocolos que incidan en los riesgos psicosociales existentes en las empresas, y más concretamente en la violencia laboral.

La comunicación verbal pasiva

Este tipo de patrón comportamental persigue evitar una confrontación directa con las personas con las que interacciona, lo cual conlleva que la persona no manifieste sus conocimientos, opiniones, sentimientos y sugerencias. Esto redunda negativamente en la empresa (dificulta el trabajo en equipo, genera conflictos laborales, aumenta el absentismo laboral, etc.) y en la persona, porque conlleva problemas de salud que se manifiestan en ansiedad, depresión, tristeza, resentimiento e incluso enfado.

La comunicación verbal asertiva

En este tipo de patrón comportamental la persona expresa su opinión de manera honesta respetando la opinión de los demás, lo cual conlleva relaciones satisfactorias y un aumento de la productividad.

Existen diversos **tipos de comunicación verbal asertiva,** encontrándose entre los mismos:

- **Asertividad positiva.** Consiste en indicar aspectos positivos de la persona con frases adecuadas y en el momento adecuado, como por ejemplo: "el color que llevas te favorece".
- **Asertividad elemental.** Este tipo de respuesta asertiva se implementa ante situaciones de violencia verbal: interrupciones, descalificaciones, desvalorizaciones... Este tipo de respuesta se caracteriza porque se interviene para:

  1. Evitar que se las vuelva a atacar o agredir verbalmente.
  2. Mantener el control y no atacar a la persona que nos agrede.
  3. Emitir mensajes que centran la atención en la agresión recibida.
  4. Indicar los motivos por los cuales el comentario agresor no tiene fundamentos.

Por ello se utilizan frases del tipo: "¿me permites hablar un momento?", "no he terminado de hablar y me gustaría hacerlo".

⮑ **Asertividad empática.** Es un tipo de respuesta que también persigue incidir en un comportamiento verbal agresivo para eliminar el mismo. La diferencia con la respuesta anterior es que la respuesta se emite realizando un acto de empatía, por lo que la respuesta que se otorga sigue alguno de los esquemas indicados a continuación: "Entiendo que... Pero comprende que..."; "Entiendo que..., y tienes derecho a...., pero yo...".

⮑ **Asertividad escalada.** Este tipo de respuesta persigue incidir en un comportamiento verbal agresivo y se implementa cuando las otras respuestas asertivas dadas anteriormente no han surtido efecto. Por ello, se utilizan frases del tipo:

- ⮑ "Te indiqué anteriormente que no me interrumpieses".
- ⮑ "Me vas a dejar hablar o no tengo derecho a expresar mi punto de vista, opinión...".

⮑ **Asertividad subjetiva.** Se utiliza cuando la persona ha implementado una conducta agresiva verbalmente sin tener intencionalidad, por lo que se utilizan frases del tipo yo me siento:
Cuando tú... yo me siento... por eso prefiero que...

PARA SABER MÁS

Puedes ver un vídeo donde obtendrás más información sobre cómo gestionar conversaciones difíciles, accediendo desde aquí:

https://redirectoronline.com/ctrp00080116

3.4. Opiniones, aclaraciones o peticiones

Tal y como ponen de manifiesto las investigaciones y publicaciones de Smith o Caballo, la asertividad se caracteriza por conllevar la:

- **Realización de opiniones.** La persona puede estar de acuerdo o desacuerdo con lo que se está indicando, manifestando su disconformidad ante:

  - Críticas, la persona asertiva reconoce que al igual que los demás tienen el derecho a equivocarse ellas también lo tienen por lo que analiza la crítica: pide más detalles; y en caso de comprobar la veracidad de los hechos lo considera como una ocasión para aprender reconociendo su error.
  - Puntos de vista diferentes, estableciendo por tanto un debate en el que se siguen las pautas indicadas anteriormente.

- **Realización de peticiones.** En las relaciones con otras personas se pide favores, ayuda cuando se necesita, se solicita información, cambios de comportamiento... La realización asertiva de este tipo de conducta se caracteriza por:

  - Considerar que la otra persona tiene derecho a elegir si accede o no.
  - Considerar que el rechazo a la petición no conlleva un rechazo hacia la persona que la realiza.
  - Considerar que las personas no se van a molestar porque se le haga una petición, entre otras cosas porque no pueden adivinar lo que quiero.

- **Solicitación de aclaraciones.** Como se ha indicado anteriormente, una característica de la comunicación eficaz y eficaz es solicitar aclaraciones para comprobar que no se enriquece de manera errónea el mensaje.

Este tipo de comportamientos son de suma importancia para las empresas, puesto que permiten al cliente expresar información relacionada con su satisfacción ante el producto, productos alternativos, atención recibida, etc., es decir, que posibilita al cliente facilitar información que redunda directamente en los beneficios de la empresa.

Por todo ello, las empresas implementan sistemas de gestión de sugerencias, quejas y reclamaciones.

DEFINICIÓN

Sugerencia
Es una aportación de ideas, iniciativas que persiguen mejorar el servicio que presta una empresa o Administración pública.

Queja
Es la manifestación de desagrado efectuada por una persona consumidora o usuaria, durante o después de consumir un bien o recibir un servicio que considera insatisfactorio dirigida hacia la persona física o jurídica, o ente sin personalidad jurídica, que lo comercializa o presta, mostrando solo la disconformidad, sin efectuar reclamación alguna (Decreto 82/2022, de 17 de mayo, por el que se regulan las hojas de quejas y reclamaciones de las personas consumidoras y usuarias en la Comunidad Autónoma de Andalucía).

Reclamación
Es la manifestación dirigida, por una persona consumidora o usuaria ante, durante o después de consumir un bien o recibir un servicio, a la persona física o jurídica, o ente sin personalidad jurídica, que la comercializa o presta, en el que, de forma expresa o tácita, pide una restitución, reparación o indemnización, la rescisión de un contrato, anulación de una deuda, la realización de una prestación a la que cree tener derecho , o cualquier otra pretensión, en relación con la solicitud de prestación de un bien o un servicio que considera insatisfactoriamente atendida (Decreto 82/2022, de 17 de mayo, por el que se regulan las hojas de quejas y reclamaciones de las personas consumidoras y usuarias en la Comunidad Autónoma de Andalucía).

Estos sistemas de sugerencias, quejas y reclamaciones permiten a la empresa:

1. **Fidelización del cliente.** Las empresas desean crear y mantener relaciones duraderas con sus clientes, ya que ello redunda positivamente en el margen de beneficios de la empresa: incrementa la frecuencia de las compras, la rentabilidad, genera publicidad gratuita (recomendaciones), etc. Para ello personaliza la atención, lo cual conlleva:

   - Mostrar empatía hacia el cliente.
   - Comprender la queja/ reclamaciones o sugerencia.
   - Responder de manera asertiva, solicitando más información y aplicando una respuesta asertiva ante críticas que facilite resolución del conflicto.

2. **Mejorar el servicio que presta.** El análisis de la sugerencia, reclamación o queja conlleva que la empresa puede implementar acciones correctivas o preventivas que modifiquen procesos dentro de la empresa. Según la Escuela Europea de Excelencia la ISO 9001:2015 establece que las acciones preventivas "disminuyen o eliminan la posibilidad de ocurrencia de una no conformidad", mientras que las acciones correctivas "reparan el impacto negativo y eliminan la causa de la no conformidad que ya ha sido detectada". Por tanto:

- Se investiga el motivo por el que se originó el problema.
- Se implementan acciones que eviten que vuelva a ocurrir.

Esto redunda positivamente en el servicio, puesto que puede que no todos los clientes notifiquen su disconformidad a la empresa y esta acabe perdiendo clientes sin conocer el motivo por el cual disminuyen sus ventas.

3. **Solventar las incidencias dentro de la empresa.** Existe diversa normativa que regula los derechos y deberes de los consumidores y usuarios que, además, establece las diversas vías por las cuales éstas pueden defender sus derechos:

- Instituciones públicas de protección al consumidor, entre las que se encuentran la junta arbitral de consumo o el consejo de consumidores y usuarios.
- Asociaciones de usuarios y consumidores las cuales, además de prestar información, orientación y formación se encargan de defender los intereses y derechos de las personas consumidoras usuarias. Algunas asociaciones de usuario y consumidores son la OCU (Organización de Consumidores y Usuarias) FACUA.
- Acudir al sistema judicial con el apoyo de las instituciones anteriores. Ello puede conllevar para las empresas pagar también las cosas del juicio.

 TAREA 3

Juan está impartiendo formación para mandos y desea concienciar sobre los beneficios que conlleva para las personas y las empresas la implementación actuaciones tendentes a aumentarla asertividad en la empresa. ¿Qué les dirá Juan?

4. Resumen

El proceso comunicativo es automático e inherente a los seres vivos; en el cual las personas podemos incidir directamente, al igual que lo hacemos en relación con otras funciones automáticas como, por ejemplo, respirar.

En el proceso comunicativo humano existen los siguientes elementos:

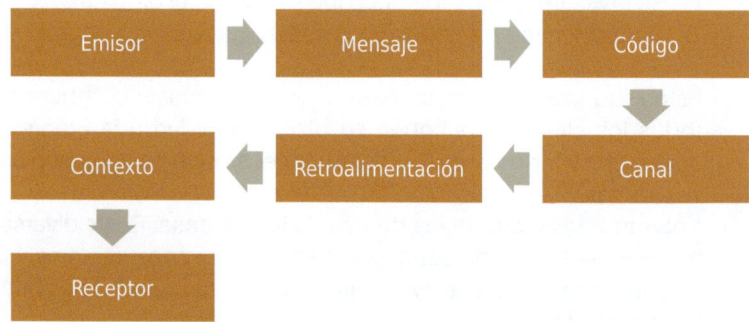

Además, el proceso comunicativo humano se caracteriza por estar formado por:

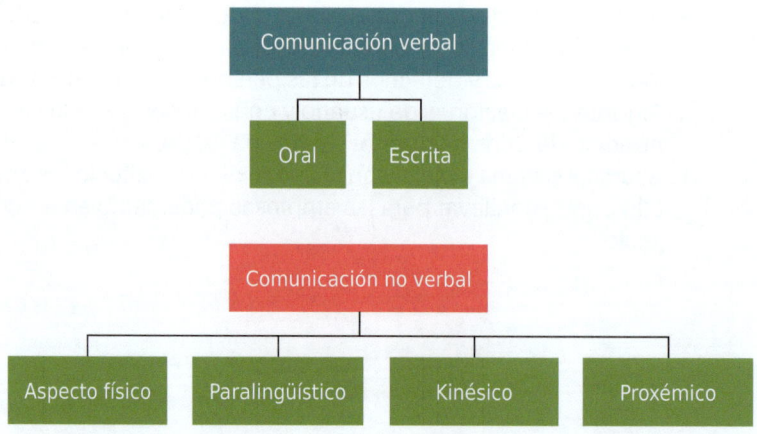

La comunicación puede ser eficaz o, por el contrario, no conseguir los objetivos que persigue como consecuencia de la existencia de barreras:

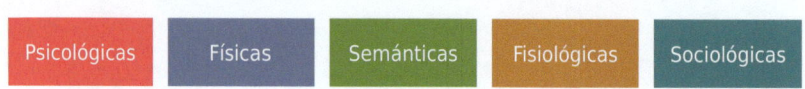

Puesto que la comunicación eficaz conlleva beneficios para las personas y empresas, existen programas de entrenamiento en habilidades sociales que dotan a las personas de técnicas para asegurar que la comunicación sea eficaz, a la par que aumentan la asertividad de la persona y, por tanto, contribuyen a su desarrollo personal y social lo que contribuye de manera positiva en las empresas y en la sociedad.

Las personas asertivas, entre otros aspectos, manifiestan sus opiniones, pensamientos y disconformidades y en el ámbito empresarial existen:

Sistemas de quejas, sugerencias y reclamaciones

Protocolos para prevenir situaciones de violencia laboral

Ejercicios de autoevaluación
Unidad de Aprendizaje 1

1. **En la comunicación humana están presentes conductas, pensamientos y emociones que inciden en la manera en que la persona...**

    a. ... inicia, continua y acaba conversaciones.
    b. ... pide favores y hace peticiones.
    c. ... expresa sentimientos positivos y negativos, como mostrar acuerdo o desacuerdo, decir no, recibir o formular críticas, recibir o realizar cumplidos / elogios.
    d. Todas las opciones son correctas.

2. **Determina si la siguiente oración es verdadera o falsa: "El estilo comportamental no puede modificarse".**

    ■ Falso
    ■ Verdadero

3. **Determina si la siguiente oración es verdadera o falsa: "La motivación no es una variable que favorezca o entorpezca el proceso comunicativo".**

    ■ Falso
    ■ Verdadero

4. **Para asegurarnos de que no enriquecemos erróneamente el mensaje utilizamos:**

    a. Técnicas directivas
    b. Técnicas no directivas
    c. Técnicas de autoestima
    d. Las opciones a y b son correctas.

5. **Determina si la siguiente oración es verdadera o falsa: "El modelo de comunicación unidireccional está obsoleto y actualmente no se utiliza".**

    ■ Falso
    ■ Verdadero

6. Determina si la siguiente oración es verdadera o falsa: "Los axiomas de la comunicación son desarrollados por Watzlawick".

   ■ Falso
   ■ Verdadero

7. Determina si la siguiente oración es verdadera o falsa: "La persona responsable del proceso comunicativo es la persona emisora".

   ■ Falso
   ■ Verdadero

8. Selecciona la modalidad de escucha en la que la persona receptora del mensaje se pone en el lugar de la otra persona para favorecer el proceso comunicativo:

   a. Escucha apreciativa
   b. Escucha comprensiva
   c. Escucha crítica
   d. Escucha empática

9. Determina si la siguiente oración es verdadera o falsa: "La escucha activa y empática solo conlleva beneficios para las personas".

   ■ Falso
   ■ Verdadero

10. Los problemas relacionados con la codificación y decodificación del mensaje conllevan:

   a. Reacciones agresivas reactivas
   b. Conductas incívicas
   c. Conductas que ocasionan daño no intencionado
   d. Todas las opciones son correctas.

Psicología del interlocutor

Contenido

Objetivos

El objetivo general de esta Unidad de Aprendizaje es:

→ Aplicar técnicas y estrategias de comunicación, incluyendo el análisis sobre las emociones y capacidades de los interlocutores y su gestión.

Los objetivos específicos de esta Unidad de Aprendizaje son:

→ Identificar la psicología del interlocutor.

→ Conocer las emociones en el proceso de comunicación.

→ Analizar técnicas de comunicación empáticas.

→ Identificar los beneficios que conlleva la empatía.

→ Conocer técnicas para regular las emociones en situaciones de conflicto.

1. Introducción

Las personas interlocutoras son aquellas que intervienen en el proceso comunicativo:

- Eligiendo los elementos del proceso y elaborando el mensaje.
- Implementando, o no, técnicas de escucha activa y empática, por lo que pueden aparecer barreras que dificultan o impiden la ejecución coherente del mensaje.
- Pueden tener un estilo comportamental y comunicacional agresivo, inhibido o pasivo.

La psicología de la persona interlocutora está relacionada con aspectos sociolingüísticos, cognitivos y fisiológicos que originan unos determinados pensamientos y emociones sobre los que podemos incidir para eliminar barreras de la comunicación y favorecer una comunicación empática y eficaz que asegure la ejecución coherente del mensaje.

A lo largo de esta unidad se analizarán los diversos conocimientos que permiten identificar la psicología de la persona interlocutora, así como los beneficios que conlleva su conocimiento y los requisitos necesarios para poder identificarla. Para ello, nos seguiremos basando en el caso de Juan, quien ejerce en una empresa de formación e incluye dentro del dosier que está elaborando para facilitar la implementación de actuaciones que mejoren el proceso comunicativo de la empresa y las personas que la forman, aspectos relacionados con dichas materias por redundar de manera positiva en el proceso comunicativo.

2. Aplicación de la psicología del interlocutor en la comunicación

 **HILO CONDUCTOR**

Juan considera importante informar a las empresas de los beneficios que conlleva para estas y para las personas que forman parte de ella tener conocimientos que les permitan identificar la psicología de la persona interlocutora. Por ello, Juan ha decidido elaborar un documento de uso interno que recoja los puntos

Continúa en página siguiente >>

<< Viene de página anterior

más importantes para que le sirva de guion cuando contacte con las empresas y ofrecerles así actividades que mejoren la competencia emocional de las personas que componen la empresa; de manera que tenga argumentos que justifiquen su punto de vista y motiven a la empresa a aceptar su propuesta.

- -

El término **"psicología de la persona interlocutora",** hace referencia a los pensamientos y emociones de esta que originan un determinado patrón comportamental con manifestaciones en diversas esferas, incluida la comunicativa; cuya identificación conlleva **aspectos positivos** para las empresas en relación con:

⮂ **Paz laboral.** Las relaciones laborales mejoran, ya que se genera un ambiente laboral positivo en el que:

   ◡ Aumenta la confianza y la sinceridad.
   ◡ Elimina prejuicios y, por tanto, reduce los malentendidos.
   ◡ Fomenta la participación de todas las personas que componen el equipo de trabajo.
   ◡ Favorece la toma de mejores decisiones al aportar diversas perspectivas.
   ◡ Contribuye a un liderazgo asertivo que conlleva múltiples beneficios para las empresas, siendo un ejemplo de ello que aumenta la cohesión grupal entre los trabajadores, el compromiso con la empresa, reducción del absentismo laboral, etc.

⮂ **Prevención de riesgos laborales (PRL).** Favorece que las empresas alcancen sus objetivos en materia de prevención de riesgos laborales (PRL) puesto que permite:

   ◡ La identificación de riesgos laborales y la implementación de actuaciones tendentes a incidir positivamente en las resistencias que impiden seguir las recomendaciones facilitadas por el departamento de PRL. Ello favorece:

      ⇕ Un estilo de liderazgo asertivo y no punitivo: no se implementan medidas disciplinarias de carácter punitivo, lo cual favorece la paz laboral en la empresa.
      ⇕ La prevención de imposiciones administrativas por parte de la inspección de trabajo ante infracciones relacionadas con lo establecido en el Real Decreto Legislativo 5/2000, de 4 de agosto, por

el que se aprueba el texto refundido de la Ley sobre infracciones y sanciones de orden sociales.

⇕ La prevención de responsabilidades, en el orden civil y penal, para las empresas tanto por actos propios como actos ajenos.

↻ Implementar programas de ayuda al empleado (EAP), los cuales según la NTP 780: El programa de ayuda al empleado (EAP) elaborada por el INSST son "herramientas de protección y promoción de la salud complementaria a otras actuaciones colectivas que implementa actuaciones para prevenir o incidir ante situaciones de malestar psicosomático relacionadas tanto con el trabajo como con la vida personal de la persona trabajadora". Esta NTP es desarrollada por la NTP 1186: Conflicto trabajo-familia o doble presencia como riesgo psicosocial: evaluación y medidas preventivas.

↻ Contribuye a implementar la salud mental en las empresas conforme a lo establecido en diversas NTP elaboradas por el INSST, como es la NTP 1045.

⊃ **Mejora sus beneficios.** Como consecuencia de la fidelización de cliente, generación de estrategias y productos que satisfagan las necesidades de los clientes, reducción del absentismo laboral, etc.

⊃ **Elaborar e implementar un plan de comunicación.** El establecimiento de un plan de comunicación permite a las empresas y a las personas que forman parte de estas, conocer las normas y los patrones de comportamiento dentro de la empresa, lo cual elimina comportamientos disruptivos al conocer las personas a las que trasmitir la información tanto a nivel ascendente como descendente y horizontal, forma de comunicar (oral o escrita), etc.

⊃ **Implementar actuaciones en materia de entrenamiento en HH. SS.** Como se ha visto previamente, el entrenamiento en HH. SS. dota a la persona de recursos comunicativos (verbales o no verbales) que favorecen la efectividad de la comunicación e inciden en las diferentes barreras de la comunicación, al capacitar a la persona para responder de manera asertiva ante comportamientos no asertivos relacionados con las interacciones sociales propias de su quehacer profesional.

 **EJEMPLO**

Puedes ver un vídeo donde se muestra cómo las emociones son usadas por las empresas a nivel de *marketing,* accediendo desde aquí:

Continúa en página siguiente >>

<< Viene de página anterior

https://redirectoronline.com/ctrp00080201

La identificación de la psicología de la persona interlocutora conlleva también **beneficios** para las personas trabajadoras, los clientes y los proveedores, como son:

- ⮂ **Incidir sobre los motivos que generan el estilo comportamental.** La implementación de un determinado estilo comportamental - comunicativo puede deberse a diversos motivos relacionados con los riesgos psicosociales. Diversos estudios elaborados tanto a nivel internacional como nacional como, por ejemplo, los elaborados por la Agencia Europea de Seguridad e Higiene en el Trabajo o el INSST, establecen que los riesgos psicosociales conllevan diversos tipos de consecuencias, entre las que se encuentran problemas en las tres esferas de la salud (biopsicosocial) que llevan asociado un consumo de sustancias psicoactivas para hacer frente a un malestar emocional, consecuencia de un estrés crónico que origina un agotamiento que se manifiesta en ansiedad o depresión.

  Identificar los motivos permite intervenir para eliminarlos utilizando las técnicas de asertividad y empáticas que inciden en las barreras de la comunicación, contribuyen a la elaboración de mensajes eficaces y persuasivos, a la ejecución coherente del mensaje, mejoran la integración social, la resolución de conflictos, etc.

- ⮂ **Mejorar la salud de las personas.** La OMS definió en 1946 la salud como: "el completo bienestar biológico, psicológico y social de la persona y no solo la ausencia de enfermedad".

  Determinados problemas de salud con manifestaciones, incluso a nivel biológico, se encuentran motivados por problemas en la esfera psicosocial, relacionados con lo que en PRL se denomina riesgos psicosociales. La identificación de la psicología de la persona interlocutora no solo permite que la persona receptora identifique comportamientos no habilidosos de naturaleza agresiva o pasivo - agresiva, sino que también permite la implementación de estrategias por parte de la misma para mejorar su bienestar emocional lo que redunda positivamente en su salud mental.

 **DEFINICIÓN**

Salud Mental

El Diccionario médico de la Clínica Universitaria de Navarra establece que la OMS define la salud mental como "un estado de bienestar en el cual cada individuo puede desplegar su propio potencial puede enfrentarse a las tensiones normales de la vida, puede trabajar de forma productiva y fructífera y es capaz de hacer una contribución a la sociedad".

2.1. Tipos de interlocutores

Identificar el tipo de interlocutor conlleva grandes beneficios para las personas y empresas, y para ayudar a ambas se han promulgado diversos **modelos** en el ámbito psicosocial, destacando entre ellos los elaborados por:

➲ **Morganthau.** Este modelo se implementa en el ámbito de las relaciones internacionales. Esta teoría expone que, analizando diversos comportamientos observables y relacionados con la asertividad (entendida como la capacidad que posee la persona para controlar el proceso comunicativo, por lo que la persona habla sin rodeos y va al grano lo que puede generar incomodidad por su brusquedad) y la sensibilidad (entendida como la importancia que da la persona al mantenimiento de la relación, por lo que la persona realizan una comunicación emocional), existen los siguientes tipos de interlocutores:

1. **Comunicadores directivos:** es eficiente, independiente y autoritario.
2. **Comunicadores persuasivos:** es extrovertido, convincente y entusiasta.
3. **Comunicadores relacionales:** son considerados, amigables y agradables.
4. **Comunicadores analíticos:** son serios, metodológicos y precisos.

⊃ **Carl Gustav Jung.** Este médico psiquiatra fundador de la Escuela de Psicología Analítica publicó, en 1921, el libro: "los tipos psicológicos" en el que establece que existen los siguientes tipos de interlocutores:

1. **Personas introvertidas,** que se comportan en función de ideas, pensamientos y emociones propias. Estas personas están interesadas en pensamientos abstractos, reflexiones y batallas filosóficas. Además:

   ↕ Prefieren estar solos/as que en compañía de gente desconocida.
   ↕ Se guardan sus propios pensamientos salvo que se les pregunte.
   ↕ Reflexionan primero y luego quizás actúan.
   ↕ Prefieren la comunicación escrita a la comunicación oral.

2. **Personas extrovertidas,** que se comportan en función de ideas, pensamientos y emociones que son consecuencias de sus interacciones sociales. Además:

   ↕ Actúan primero y quizá reflexionan después sobre su comportamiento.
   ↕ Se sienten inquietos cuando no están rodeados de personas o haciendo algo: les molesta el silencio y la quietud.
   ↕ Prefieren la comunicación oral a la escrita.

3. **Personas racionales,** que toman decisiones fundamentas en pensamientos lógicos en los que se analizan consecuencias, pros y contras. Las personas racionales extrovertidas se caracterizan por ser analistas. Además:

   ↕ Eligen la realidad frente a la cortesía, por lo que pueden herir los sentimientos de los demás.
   ↕ Prefieren la comunicación concisa, concreta y orientada.
   ↕ No suelen expresar sus emociones.
   ↕ Son personas críticas que siempre están buscando mejorar.

4. **Personas emocionales,** que toman decisiones fundamentadas en su escala de valores personales. Puedes ser a su vez extrovertidas o introvertidas.
   Las personas emocionales introvertidas se caracterizan por vivir más en el futuro que en el presente: son personas soñadoras, imaginativas con desapego al momento actual.
   Las personas emocionales extrovertidas desean nuevas emociones.
   Por tanto, las personas emocionales:

   ↕ Filtran la información a través de sus valores personales.

⇕ Eligen la cortesía frente a la realidad.

⇕ Sufren las críticas como algo personal.

⊃ **Marston.** Elabora la primera teoría para entender y describir el comportamiento de personas sin problemas de salud mental: Teoría *Emotions of Normal People* (1929), en la que desarrolla el Método DISC. Este método establece que las personas distribuyen, direccionan y exteriorizan su "energía mental" y conciencia en 4 direcciones: Dominio (D), Influencia (I), Sumisión (S) y Conformidad con las normas (C).

⊃ **Goleman.** Eduard L. Thorndike (1920) establece que la inteligencia social es la habilidad de comprender y motivar a otras personas. Fundamentándose en su labor, Howard Gardner crea la teoría de las inteligencias múltiples en 1983, lo que posibilita que en 1985 Wayne Payne en su tesis *Un estudio de las emociones: el desarrollo de la inteligencia emocional,* aborde la inteligencia emocional. La inteligencia emocional ha sido estudiada por varios autores, pero entre ellos destacan los trabajos de Daniel Goleman quien en su libro: *Inteligencia Emocional* (1995), indica que la inteligencia emocional es la capacidad para reconocer las emociones, propias y ajenas, y de gestionar nuestra respuesta ante ellas. La teoría de la inteligencia emocional es implementada en el ámbito empresarial para prevenir riesgos laborales, resolver situaciones conflictivas propias del trabajo, mejorar las relaciones interpersonales, de la empresa con los clientes, etc.

 **PARA SABER MÁS**

Puedes obtener más información sobre el sistema DISC, accediendo desde aquí:

https://redirectoronline.com/ctrp00080202

Junto a las teorías elaboradas en el ámbito psicosocial, también existen otras desarrolladas en el ámbito empresarial para ayudar a la empresa a alcanzar sus objetivos en materia de PRL, calidad, ventas, etc. Las diferentes teorías identifican diversos **tipos de interlocutores,** entre los que se encuentran:

- **Cliente satisfecho.** Es aquel que considera que el producto o servicio que ha adquirido satisface sus necesidades, y puede convertirse en el mejor publicista para la empresa al trasmitir información gratuita y de primera mano a sus contactos a través del boca a boca.
- **Cliente insatisfecho.** Es aquel que considera que el producto servicio que ha adquirido no satisface sus necesidades. Dentro de esta modalidad de cliente existen:

  - Las personas que no manifiestan su descontento con el producto adquirido a la empresa de manera verbal, pero sí de manera comportamental: dejan de comprar, indican su descontento a terceros, cambian de empresa, etc.
  - Las personas que manifiestan su disconformidad interponiendo una reclamación o queja ante el servicio posventa u otra persona de la empresa. Es importante satisfacer la queja para mejorar un servicio defectuoso en caso de que la queja esté fundamentada. En caso contrario, es importante mostrarle al cliente de manera empática y asertiva que la misma es injustificada.

- **Cliente racional.** Se caracteriza porque sabe lo que quiere y necesita, y solicita información concisa y clara. Suele comprar descartando las diferencias: evalúa las alternativas y medita su decisión antes de efectuar la compra.
- **Cliente reservado.** Se caracteriza porque procura mantener distancia con la persona vendedora y no exterioriza sus intereses ni opiniones. Este tipo de cliente puede considerar que si realiza una pregunta puede ser objeto de burla. Ante este tipo de cliente es importante mostrar una variedad de productos y facilitarle tiempo para que valore y decida.
- **Cliente indeciso.** Es aquel que muestra una actitud de duda o indecisión, quizá porque se sintió engañado en otras compras o porque todo le agrada. Este cliente se fija en los detalles y tiene miedo a cometer otro error. Ante este tipo de cliente es importante respetar sus tiempos y ofrecer información precisa y objetiva.
- **Cliente dominante.** Se caracteriza porque necesita que lo elogien y controlar la conversación, por ello muestra sus conocimientos pudiendo incluso contradecir y poner en duda la información facilitada. Ante este tipo de cliente es importante mantener la calma y la tranquilidad, no discutir ni interrumpir, mostrarle catálogos y realizar demostraciones que corroboren la información aportada. Dentro de esta tipología se encuentra el cliente técnico, que sabe igual o más que la persona trabajadora, por lo que es importante pedirle su opinión.

- **Cliente hablador.** Habla casi todo el tiempo aportando información que incluso no está relacionada con el servicio o producto que se ofrece. Además, no escucha ni deja que se le facilite información, aunque al mismo tiempo muestra interés por la opinión de la persona vendedora. En el trato directo con este cliente es importante no demostrar impaciencia, pero consiguiendo que se centre en el producto o servicio que se vende. Para ello, es importante hacer preguntas concretas y no entrar en conversaciones ajenas a la compra.
- **Cliente impaciente.** Se caracteriza porque tiene prisa, lo que motiva que exija atención inmediata y se ponga nervioso mientras espera. Por ello, es importante mostrarle interés lo antes posible y aportarle información que pueda valorar en otro momento.
- **Cliente quejica y/o peleón.** El cliente peleón es aquel que desea discutir sin que exista un motivo real, pudiendo ser un efecto de un desplazamiento de su malestar existente en su vida privada. Es una persona que se guía por las emociones, por lo que requiere de intervenciones que reduzcan la escala emocional.
- **Cliente irrespetuoso.** Es aquel que tiene malos modos, con este cliente es importante no discutir ni perder la serenidad mientras se interviene de manera asertiva para reducir la conflictividad.

2.2. Identificación del tipo de persona interlocutora

Para identificar el tipo de persona interlocutora es importante identificar los aspectos relacionados con el estilo de vida, los valores, las emociones, los pensamientos, etc., y ello requiere disponer de una competencia comunicativa.

 **DEFINICIÓN**

Competencia comunicativa
Según el Instituto Cervantes es "la capacidad de una persona para comportarse de manera eficaz y adecuada en una determinada comunidad de habla lo que implica respetar un conjunto de reglas que incluyen tanto las de gramática y los otros niveles de la descripción lingüística (léxico, fonética, semántica) como las reglas de uso de la lengua relacionadas con el contexto socio - histórico y cultural en el que tiene lugar la comunicación".

Según D. Hymes, la competencia comunicativa se relaciona con saber cuándo hablar, cuándo no y de qué hablar, con quién, dónde, en qué forma, etc. Se trata de la capacidad de formar enunciados que son gramaticalmente correctos y socialmente apropiados.

La competencia comunicativa está directamente relacionada con:

- **Bienestar emocional.** El portal del ministerio con competencias en materia de educación establece que la OMS define al bienestar emocional como: "un estado de ánimo en el cual la persona se da cuenta de sus propias aptitudes, puede afrontar las presiones normales de la vida, trabajar productivamente y contribuir a la comunidad".
- **Resilencia psicológica.** La Guía de Cuidado y Promoción del bienestar emocional en centros educativos de la Región de Murcia define la resiliencia como "la adaptación psicológica positiva ante desafíos. Capacidad de sobreponerse a momentos críticos y adaptarse luego de experimentar alguna situación inusual e inesperada. También indica volver a la normalidad. Existe una aptitud que adoptan algunos individuos que se caracterizan por su postura ante la superación de una adversidad y de mucho estrés, con el fin de pensar en un mejor futuro".
  La resiliencia psicológica se considera un factor de protección.
- **Socialización efectiva.** La socialización es el proceso mediante el cual las personas aprendemos las normas y usos sociales dominantes que permiten:

  - Interactuar de manera efectiva con los demás.
  - Formar y mantener relaciones sociales saludables.
  - Afrontar las dificultades de la vida diaria.

- **Capacidad cognitiva.** Está relacionada con el razonamiento, la memoria o la atención.

La competencia comunicativa puede adquirirse, razón por la cual se realizan actuaciones desde diversos ámbitos.

 ACTIVIDAD COMPLEMENTARIA

5. Busca en recursos externos, ejemplos de programas que mejoran la competencia comunicativa en el sistema educativo, sanitario y laboral, eligiendo finalmente el más eficaz.

3. Emociones en la comunicación

👉 **HILO CONDUCTOR**

Juan ha explicado previamente a la empresa cómo las emociones están presentes de manera inherente, consciente o inconsciente, en la comunicación verbal y no verbal, favoreciendo o dificultando la codificación - decodificación, la escucha activa y/o la ejecución coherente del mensaje. Juan considera importante concienciar sobre la importancia de las emociones en la comunicación para que la empresa entienda los beneficios que conlleva implementar programas tendentes a identificar las mismas para mejorar la competencia comunicativa de la persona.

Las **emociones** han sido estudiadas a lo largo de la humanidad por considerarse que son innatas en el ser humano y, además, influyen directamente en el comportamiento humano.

 SABÍAS QUE...

Aristóteles en su libro *Ética a Nicomano*, establecía que las emociones podían ser educadas para favorecer una buena convivencia.

Esta preocupación por las emociones está también presente en la ciencia moderna, que las analiza desde diversas **perspectivas:**

- ➲ **Evolucionista.** C. Darwin (1872) en su libro *La expresión de las emociones en los animales y seres humanos* considera que las emociones son hereditarias y desempeñan una función social. Además, se manifiestan de diversas maneras: expresiones faciales, gestos, etc.
- ➲ **Psicofisiológica.** Según William James (1884), la emoción es una percepción que genera unos cambios físicos automáticos. Así, las emociones surgen en el sistema límbico del cerebro e influyen en la salud de las personas a través de la somatización (se expresan a través de síntomas orgánicos) ocasionados por un estilo de afrontamiento deficiente de emociones desagradables. Ello se debe a que las emociones generan hormonas y algunas de ellas como, por ejemplo, el cortisol, que se

genera de manera fisiológica ante situaciones de estrés que, continuadas en el tiempo, conllevan que esta hormona no se reduzca y puedan existir problemas estomacales, intestinales, de hipertensión, bajada de defensas, etc.

- **Conductista.** Indica que existe una conducta emocional observable y modificable mediante el condicionamiento operante, es decir, mediante un refuerzo positivo o negativo.
- **Cognitivista.** Considera que la emoción es consecuencia de la interacción de aspectos fisiológicos y cognitivos que permiten evaluar un estímulo externo a la persona como positivo o negativo, lo que conlleva una acción de acercamiento o evitación.
- **Inteligencias múltiples.** Desarrollada por Howard Gardner en 1985, establece que las personas para conseguir sus objetivos no solo necesitan tener un determinado CI (Coeficiente Intelectual) sino también una Inteligencia Emocional (CE).

 PARA SABER MÁS

Puedes obtener más información sobre las emociones y los beneficios que tiene para las personas, cómo afectan a nuestro comportamiento y los beneficios que conlleva la autoidentificación y autogestión de las emociones, en la entrevista efectuada a Marian Rojas- Estapé "La neurociencia de las emociones", para ello accede desde aquí:

https://redirectoronline.com/ctrp00080203

3.1. Tipos de emociones

Las emociones han sido estudiadas por diversos autores (Paul Ekman, Robert Plultchik, etc.) que consideran que estas pueden clasificar en:

- **Primarias.** Son aquellas con las que respondemos ante un estímulo.

○ **Positivas.** Produce bienestar a la persona y está relacionada con la alegría que surge ante cualquier acto que nos resulte agradable como, por ejemplo, alcanzar una meta, observar la alegría en otra persona, contemplar algo bonito o por la disminución o desaparición de un malestar o algo que nos resulte desagradable. Esta emoción conlleva que el cuerpo genere serotonina, que es una hormona que reduce el estrés / ansiedad, la ira o el enfado y, además, incide positivamente en el sistema cardiovascular e inmunológico y favorece la empatía y, por tanto, la aparición de conductas altruistas.

○ **Negativas.** Son aquellas que generan malestar. Dentro de las emociones primarias básicas las emociones negativas son:

⇕ Tristeza: surge ante la frustración que conlleva una pérdida o ante la imposibilidad de satisfacer una necesidad. Esta emoción conlleva un decaimiento en el estado de ánimo que está asociado con mecanismos de defensa psicológicos como las distorsiones cognitivas, paralización por desconocer la manera actuar, etc.

⇕ Ira: surge ante situaciones que son valoradas como injustas, que atentan contra derechos personales, valores morales, etc., pero también ante situaciones frustrantes. La ira conlleva la generación de adrenalina y cortisol y puede ser controlada por la persona como se verá más adelante para manifestarse de manera asertiva.

⇕ Miedo: surge ante situaciones identificadas como peligrosas que son aprendidas culturalmente y que conlleva la evitación o enfrentamiento.

⇕ Asco: es una reacción de aversión ante situaciones desagradables o repugnantes que implica un rechazo que puede ser beneficioso para la persona, como por ejemplo ante situaciones de falta de higiene ya que motiva el alejamiento y protege a la persona.

○ **Ambiguas.** La circunstancia en la que se generan determina si son positivas o negativas. Un ejemplo es la emoción sorpresa: tiene una duración breve y da paso a una emoción positiva o negativa, además, es provocada por situaciones imprevistas o extrañas.

⊃ **Secundarias.** Son la combinación de las emociones primarias y son consideradas como emociones puramente sociales, se adquieren y desarrollan en contextos sociales.

○ **Positivas.** Dentro de las emociones secundarias positivas se encuentra el orgullo, que es una emoción en la que la persona experimenta alegría y satisfacción y persigue la repetición de una determinada conducta o comportamiento.

○ **Negativas.** Dentro de las secundarias negativas se encuentra:

⇕ Vergüenza o culpa, es una emoción autoevaluativa que requiere consciencia de nuestra persona. Surge ante una autoevaluación negativa relacionada con un acto concreto que puede ser originada por un comentario que reprueba moralmente a la persona efectuado en el medio en el que está inserto la persona o por la propia persona.

⇕ Hostilidad, es una emoción que aglutina diversas emociones básicas desagradables como ira, asco y miedo y que está relacionada con la manera en que percibimos a terceras personas.

 ## RECUERDA

La emoción es un mecanismo que sirve para reaccionar rápidamente ante los acontecimientos que tienen lugar en nuestro día a día. Son impulsos automáticos para que actuemos según el entorno y tienen como misión que logremos adaptarnos a todo lo que nos sucede (Fernández Abascal, 1995). La emoción es una compleja combinación entre lo que percibes, cómo reacciona tu cuerpo y lo que te motiva a actuar. Todo ello produce en las personas un estado psicológico global positivo o negativo, de poca o mucha intensidad, de corta o larga duración, que produce una expresión gestual que puede ser identificada por las demás personas.

 ## APLICACIÓN PRÁCTICA

Las emociones pueden ser primarias o avanzadas, para trabajarlas visualiza el siguiente vídeo de un cuento, donde se ejemplifican distintas emociones, accediendo desde aquí:

https://redirectoronline.com/ctrp00080204

Continúa en página siguiente >>

<< Viene de página anterior

A continuación identifica cuáles de los personajes del cuento no son una emoción.

Solución

No sería una emoción la ingenuidad, pues no es una respuesta fisiológica, sino una cualidad humana.

3.2. Las emociones en la comunicación

La comunicación estudia el origen, trasmisión y control de las emociones para eliminar las barreras de la comunicación, favorecer una comunicación eficaz y asertiva, eliminar conflictos intra e interpersonales, fomentar la empatía y mejorar el desarrollo personal; y ello requiere que las personas:

> Perciban, expresen y comprendan emociones propias y ajenas.

> Regulen emociones propias y ajenas.

Para mejorar la competencia comunicativa se implementan las siguientes **técnicas:**

> **Programa de entrenamiento en inteligencia emocional**
> Este tipo de programa implementa diversas técnicas para mejorar el reconocimiento de expresiones, propias y ajenas, a la par que el autocontrol.

> **Programación neurolingüística**
> Modelo metodológico desarrollado en 1970 por Richard Bandler y John Grinder, este es un conjunto de herramientas y técnicas que utilizan de manera consciente el lenguaje para ayudar a las personas a mejorar su forma de pensar y autogestionar su comportamiento.

PARA SABER MÁS

Puedes obtener más información sobre la Educación Emocional en la entrevista que Eduard Punset realizó a Antonio Damasio, accediendo desde aquí:

https://redirectoronline.com/ctrp00080205

4. Técnicas de comunicación empática

👉 HILO CONDUCTOR

Las técnicas empáticas favorecen el *rapport* comunicativo, es decir, la conexión empática entre las personas es necesaria para una comunicación efectiva y eficaz que permita la persuasión asertiva y la ejecución coherente de mensajes, puesto que permite identificar barreras comunicativas e incidir de manera positiva sobre las mismas para eliminarlas. Por ello, Juan recoge aspectos relacionados con ellas en el guion que elabora para prepararse la entrevista con la empresa a la cual van a ofrecer formación gratuita para sus trabajadores relacionada con la comunicación asertiva, eficaz, eficiente, persuasiva y empática.

La RAE define la empatía como la "identificación mental y afectiva de un sujeto con el estado de ánimo de otro" y/o como "la capacidad de identificarse con alguien y compartir sus sentimientos".

La empatía no debe confundirse con:

⊃ **Simpatía.** El diccionario médico de la Universidad de Navarra la define como: "la capacidad para entender, compartir y responder a los sentimientos de lo demás". En el ámbito de las ciencias sanitarias se considera importante gestionar el sentimiento de simpatía hacia los pacientes para evitar la aparición de comportamiento propios del SQT: síndrome de estar quemado; ocasionados por una deficiencia en el SGA (Síndrome General de Adaptación ante situaciones estresantes) que pueden conllevar una deshumanización de la atención.

● **Compatía.** Es como se denomina en el ámbito de las ciencias humanas al sentimiento de compasión, que es definida por N. Eisenberg como "una respuesta afectiva que consiste en sentir lástima o preocupación por el otro apurado o necesitado". La compatía puede conllevar agotamiento emocional y una falta de objetividad que afecte negativamente a los diferentes integrantes del proceso comunicativo.

La empatía, tal y como indicó Bleichmar (2002), consiste en "captar al otro sin fusionarse con él, conservando un espacio propio de identidad" y es una habilidad importante en cualquier tipo de interacción humana y profesional que, además, conlleva numerosos beneficios para las personas.

Las personas no siempre verbalizan sus pensamientos ni emociones, pero sí lo manifiestan a nivel no verbal mediante la microexpresión y el lenguaje no verbal.

SABÍAS QUE...

La microexpresión es la expresión facial asociada a una emoción y se fundamenta en la Teoría elaborada en la década de los 70 por Paul Ekman y Friesen. Esta teoría desarrolla un Sistema de Codificación de Acción Facial (FACS) que sirve para medir y clasificar cualquier expresión que el rostro humano pueda generar.

TAREA 4

Luisa es la dueña de un restaurante y ha realizado un curso sobre comunicación con Juan. Luisa es conocedora de que cerca de su restaurante hay un centro de atención temprana al cual acuden las familias y menores diagnosticados con algún tipo de trastorno general del desarrollo: TEA, discapacidad intelectual, etc. Luisa tras el curso ha decidido utilizar los pictogramas en su restaurante para facilitar la autonomía de los menores. Indica la razón de este hecho.

5. Control de las emociones en situación de conflicto

☞ HILO CONDUCTOR

Las situaciones de conflicto generan una serie de emociones negativas que afectan a nivel biológico y comportamental y a las diversas esferas de la vida de las personas, entre las que se encuentra la atención al cliente. Las personas con entrenamiento pueden autorregular sus emociones y, dado los beneficios que ello conlleva para las personas y las empresas como, por ejemplo, mejor atención al cliente, cumplir normativa de PRL, etc., Juan ha decidido explicar los aspectos relacionados con la autorregulación emocional para que la formación que se va a impartir recoja aspectos relacionados con la autorregulación emocional.

El estilo comportamental está definido por diversos aspectos, entre los que se encuentra la ansiedad ocasionada por altos niveles de cortisol generados por un síndrome adaptativo general deficiente ante situaciones que generan emociones desagradables que conllevan consecuencias negativas en las 3 esferas de la salud de las personas (biopsicosocial) que afectan a las diversas esferas de su vida y también a las empresas.

Para protegernos de las situaciones emocionalmente adversas utilizamos diversos mecanismos de defensa que inciden negativamente en la capacidad cognoscitiva: generan barreras comunicativas que afectan a la codificación y decodificación y a la ejecución coherente del mensaje, ya que enriquecen incorrectamente el mensaje como consecuencia de la generalización, el etiquetaje, el centrarse en lo negativo o el catastrofismo.

Aun cuando las emociones son reacciones fisiológicas podemos aprender a gestionar las mismas para que no duren más de lo necesario y regresar rápidamente al estado inicial.

PARA SABER MÁS

Puedes obtener más información sobre la gestión de las emociones en el vídeo: Aprender a gestionar las emociones. Para verlo accede desde aquí:

Continúa en página siguiente >>

<< Viene de página anterior

https://redirectoronline.com/ctrp00080206

5.1. Técnicas para controlar las emociones en situaciones de conflicto

En todos los sectores productivos existen trabajadores que realizan numerosas actuaciones de atención al público que, inclusive, pueden realizarse desde un servicio posventa con el que contacta el/la cliente ante su disconformidad. Este hecho motiva que la persona se vea afectada por riesgos psicosociales que se enmarcan en lo que se denomina trabajo emocional.

 **DEFINICIÓN**

Trabajo emocional

En el ámbito de la PRL se denomina como: "todos aquellos procesos psicológicos y conductas conscientes y/o automáticas que se derivan de la existencia de normas organizacionales sobre la expresión emocional, sobre la experiencia emocional o sobre ambas, que regulan las distintas interacciones implicadas en el desempeño de un puesto y que pretenden facilitar la consecución de objetivos organizacionales sobre la expresión emocional asociados con el logro de objetivos, operativos y/o simbólicos de mayor orden".

El reconocimiento del mismo conlleva la implementación de técnicas que persiguen mejorar la gestión de emociones propias y la desescalada emocional en terceras personas. Dentro de las mismas se encuentran:

- **Instrucciones verbales.** Facilitan información que permite a la persona implementar técnicas de desescalada emocional verbal, es decir, reducir la tensión u hostilidad para pasar de una conducta agresiva a una aser-tiva beneficiosa para ambas partes, lo cual requiere:

◍ Mostrar empatía.
◍ Comprender la queja sin juzgar ni ser reactivo, razón por la que:

⇕ Se implementan técnicas no directivas y posteriormente directi-vas que aseguran la correcta decodificación del mensaje y ayuda a la persona a modificar su patrón comportamental al modificar también sus pensamientos.
⇕ Se realizan ejercicios de autorregulación emocional que incluyen técnicas de control de la respiración y autoinstrucciones verba-les, como pude ser decirnos a nosotros mismos que la persona realmente no está enfada con nosotros y que está trasladando su enfado hacia nosotros porque no sabe cómo gestionar su discon-formidad y que tenemos que ayudarla en el proceso.

◍ Facilitar las alternativas existentes en la empresa.

Desgraciadamente, en numerosas ocasiones es imposible reconducir la agresión verbal y realizar una desescalada emocional y por ello diversas profesionales elaboran protocolos a seguir para proteger la integridad física y emocional de las personas.

➲ **Relajación.** Las emociones desagradables generan cortisol que influye en nuestro organismo aumentando la presión sanguínea, respiración, frecuencia cardiaca, etc., pudiendo regresar a nuestro estado basal utilizando técnicas de relajación que modifican el sistema nervioso no central.

➲ **Programas de inoculación de estrés.** Este tipo de programas persigue enfrentar a las personas ante situaciones desagradables en un entorno controlado para que la persona identifique el estresor y las consecuen-cias que conlleva para su salud, y ponga en práctica las instrucciones verbales y otras técnicas propias de programas de entrenamiento de ha-bilidades sociales.

Dada la importancia que tiene la regulación emocional para las personas y las empresas, se promulgan documentos por diversos organismos entre los que se encuentran las mutuas de trabajo, siendo un ejemplo de ello el manual: "Tú salud emocional: Piensa y vive en positivo".

6. Resumen

Desde un punto de vista comportamental, las personas somos diferentes y, aunque cada persona es única y no existen dos personas iguales en el mundo, existen estudios que indican que en función de nuestro comportamiento se nos puede clasificar o agrupar.

Este hecho conlleva que en el ámbito de la empresa se realicen estudios que identifiquen características de estos que posibilitan:

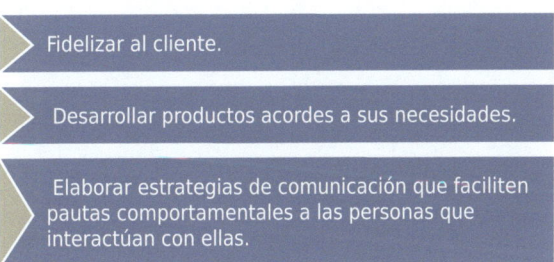

> Fidelizar al cliente.

> Desarrollar productos acordes a sus necesidades.

> Elaborar estrategias de comunicación que faciliten pautas comportamentales a las personas que interactúan con ellas.

El comportamiento de las personas está directamente influenciado por un determinado patrón de pensamiento y por las emociones, las cuales conllevan reacciones físicas positivas y/o negativas en nuestro organismo de manera automática con una finalidad adaptativa. Las emociones surgen ante estímulos que socialmente hemos aprendido a darle un significado asociado a una emoción. Las emociones se clasifican en:

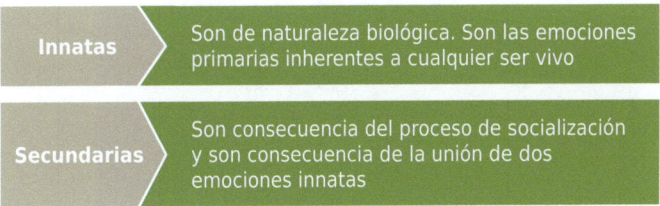

Innatas > Son de naturaleza biológica. Son las emociones primarias inherentes a cualquier ser vivo

Secundarias > Son consecuencia del proceso de socialización y son consecuencia de la unión de dos emociones innatas

Aun cuando las emociones son innatas, las personas podemos gestionar nuestras emociones como ponen de manifiesto diversos modelos teóricos, entre los que se encuentra:

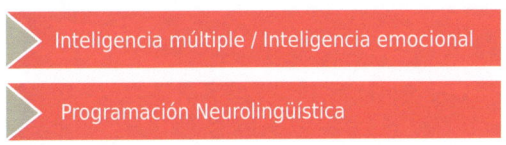

> Inteligencia múltiple / Inteligencia emocional

> Programación Neurolingüística

Estos modelos consideran que, para gestionar nuestras emociones y los de las demás, el primer paso es identificar las mismas mediante una codificación y decodificación correcta que requiere que la persona conozca sus propias emociones como paso previo para poder reconocer la de terceras personas. Sin embargo, también debe conocer técnicas que incidan positivamente en las reacciones fisiológicas asociadas a situaciones conflictivas para que pueda responder de manera asertiva y reducir la agresión verbal de la que está siendo objeto.

Ejercicios de autoevaluación
Unidad de Aprendizaje 2

1. Identifica cuál de los siguientes modelos es implementado en el ámbito de las relaciones internacionales:

   a. Morganthau
   b. C. Gustav Jung
   c. Marston
   d. Goleman

2. La persona que elaboró la teoría de las inteligencias múltiples es:

   a. Goleman
   b. Howard Garner
   c. Payne
   d. Todas las opciones son incorrectas.

3. Determina si la siguiente oración es verdadera o falsa: "Goleman fue la primera persona que desarrolló la teoría de la Inteligencia Emocional".

   ■ Falso
   ■ Verdadero

4. Determina si la siguiente oración es verdadera o falsa: "Un cliente insatisfecho siempre manifiesta su disconformidad o queja".

   ■ Falso
   ■ Verdadero

5. Indica la hormona generada ante situaciones de estrés:

   a. Oxitocina
   b. Dopamina
   c. Serotonina
   d. Cortisol

6. La teoría de la rueda de las emociones fue desarrollada por:

    a. Paul Ekman
    b. Darwin
    c. Goleman
    d. Robert Plultchik

7. La alegría es...

    a. ... una emoción positiva secundaria.
    b. ... una emoción positiva primaria.
    c. ... una emoción ambigua.
    d. No es una emoción.

8. Cuando la empatía genera un sentimiento de lástima o preocupación por el otro, se denomina:

    a. Simpatía
    b. Empatía
    c. Compatía
    d. Todas las opciones son incorrectas.

9. Determina si la siguiente oración es verdadera o falsa: "Los mecanismos de defensa no influyen en la capacidad cognoscitiva de las personas".

    ■ Falso
    ■ Verdadero

10. Las emociones innatas al ser humano son:

    a. Las emociones básicas
    b. Las emociones secundarias
    c. Ambas, puesto que son las que nos diferencian del resto de las especies.
    d. Todas las opciones son incorrectas.

Glosario

Acoso laboral
Se produce cuando una persona trabajadora está expuesta a conductas violentas de manera prolongada en el tiempo.

Acoso sexual
Cualquier tipo de comportamiento verbal o físico de naturaleza sexual que tenga por propósito o produzca el efecto de atentar contra una persona, en particular cuando se crea un entorno intimidatorio, degradante u ofensivo.

Asertividad elemental
Se implementa ante situaciones de violencia verbal: interrupciones, descalificaciones, desvalorizaciones, etc.

Asertividad empática
La persona responde con empatía a una situación de violencia verbal.

Asertividad escalada
Persigue incidir en un comportamiento verbal agresivo y se implementa cuando las otras tipologías de asertividad no han surtido efecto.

Asertividad positiva
Aquella en la que se indican aspectos positivos a la persona en el momento adecuado con frases adecuadas.

Barrera de la comunicación
Son todos aquellos aspectos que dificultan o impiden la comunicación y que afectan a la correcta trasmisión o interpretación del mensaje.

Cibernética
Ciencia que estudia el intercambio de información soportado o impulsado por la computación en relación con los seres vivos y/o seres humanos.

Compatía
Respuesta afectiva que consiste en sentir lástima o preocupación por el otro apurado o necesitado.

Competencia comunicativa
Capacidad de una persona para comportarse de manera eficaz y adecuada en una determinada comunidad de habla, lo que implica respetar un conjunto de reglas que incluyen tanto las de gramática y los otros niveles de la descripción lingüística (léxico, fonética, semántica) como las reglas de uso de la lengua relacionadas con el contexto socio – histórico y cultural en el que tiene lugar la comunicación.

Comunicación analógica
Aquella que guarda relación con el significado y aporta significado al signo utilizado.

Comunicación asincrónica
Tipo de comunicación en la que las personas no interactúan en el mismo momento, de manera simultánea, por lo que es propia de la comunicación no presencial.

Comunicación digital
Aquella que trasmite información mediante símbolos lingüísticos que pueden ser orales o escritos.

Comunicación inclusiva
Aquella que persigue que la comunicación sea accesible para todas las personas.

Comunicación no presencial
Aquella en la que solo se accede a la comunicación oral, incluso cuando la misma es escrita como ocurre con los e-mails o memorando.

Comunicación no verbal
Aquella que abarca todos los signos y sistemas de signos lingüísticos que comunican o se utilizan para comunicar.

Comunicación presencial
Aquella en que tanto la persona emisora como la persona receptora reciben información a través de los diversos sentidos y la retroalimentación es constante.

Comunicación sincrónica
Aquella en la que las personas interactúan en el mismo momento, de manera simultánea, tanto de manera presencial como no presencial, como ocurre cuando se usan programas / aplicaciones de mensajería instantánea.

Comunicación verbal
Aquella que abarca todos los signos lingüísticos que se utilizan para comunicar.

Comunicación verbal agresiva
Aquella en la que la persona emisora no respeta los derechos, sentimientos ni intereses de la persona receptora del mensaje, tiene una postura egocéntrica y emite mensajes que agreden verbalmente a la persona receptora.

Comunicación verbal asertiva
Aquella en la que la persona manifiesta su opinión de manera honesta respetando la opinión de los demás, lo cual conlleva relaciones satisfactorias y un aumento de la productividad laboral.

Comunicación verbal pasiva
Aquella en la que la persona no manifiesta sus conocimientos, opiniones, sentimientos y sugerencias para evitar una confrontación directa con las personas con las que interactúa.

Conducta
Manera en que las personas se comportan en su vida y sus acciones.

Conducta agresiva
Aquella que persigue la dominación mediante la humillación / degradación y que suele ser reflejo de una conducta ambiciosa caracterizada porque lo importante es la finalidad y no los medios utilizados para alcanzarla.

Conducta asertiva
Se conoce también como socialmente habilidosa, y es aquella conducta emitida por una persona en un contexto interpersonal que expresa sentimientos, actitudes, deseos, opiniones o derechos de un modo adecuado que se caracteriza por respetar las conductas de los demás y resolver, generalmente, problemas inmediatos a la vez que minimiza la probabilidad de problemas futuros.

Conducta pasiva
Es un estilo de comportamiento en el cual la persona no defiende sus propios derechos ni intereses. No es capaz de expresar abiertamente sus sentimientos, pensamientos y opiniones como consecuencia del desconocimiento de

estos, de la manera adecuada de expresarlos o por considerar que no son importantes para terceras personas.

Empatía
Identificación mental y afectiva de un sujeto con el estado de ánimo de otro. Es la capacidad de identificarse con alguien y compartir sus sentimientos.

Enunciado
Expresión lingüística producida por una de las personas participantes en un evento comunicativo.

Escucha apreciativa
Aquella que se realiza de manera relajada por ocio / entretenimiento como, por ejemplo, cuando se escucha música. Este tipo de escucha puede formar parte de programas de entrenamiento de habilidades sociales que pretenden modificar la escucha para cambie de selectiva a empática.

Escucha comprensiva
Aquella en la que se escucha para aprender.

Escucha crítica
Aquella en la que la persona escucha para crearse una opinión en relación con un determinado tema.

Escucha empática
Aquella en la que la persona escucha poniéndose en el lugar de otra persona, lo cual posibilita entender el juicio / pensamiento de la otra persona y, por tanto, el comportamiento y las interacciones de sus actos.

Evaluación de riesgos
Es el proceso dirigido a estimar la magnitud de aquellos riesgos que no hayan podido evitarse, obteniendo la información necesaria para que el empresario esté en condiciones de tomar una decisión apropiada sobre la necesidad de adoptar medidas preventivas y, en tal caso, sobre el tipo de medidas que deben adoptar.

Fonema
Unidad fonológica que no puede descomponerse en unidades sucesivas menores y que es capaz de distinguir significados.

Gramática
Rama de la lingüística que estudia los diversos elementos de una lengua y sus combinaciones.

Infracción administrativa
Acción u omisión típica, antijurídica y culpable para la que el ordenamiento jurídico prevé la imposición de una sanción administrativa.

Lenguaje signado o bimodal
Hace referencia a un lenguaje de signos, es decir, un lenguaje de carácter visual, gesticular y espacial con gramática propia que utilizan las personas con dificultades en el sistema fonador o en el sistema auditivo.

Lenguaje sordo - ceguera
Sistema de comunicación dactilar en el que se utiliza un sistema de lengua de signos apoyado con la mano.

Léxico
Vocabulario, conjunto de palabras de un idioma o las que pertenecen al uso en una región, a una actividad determinada, a un campo semántico, etc.

Lingüística
Es la ciencia que se encarga del estudio teórico del lenguaje, ocupándose de los métodos de investigación y cuestiones comunes a las diversas lenguas.

Mecanismo de defensa
Proceso inconsciente que utiliza la persona para protegerse de emociones o pensamientos que le causan malestar en diversas esferas.

Mensajes eficaces
Son aquellos mensajes fáciles y comprensivos que conectan con los intereses y características emocionales de la persona receptora.

Morfema
Unidad mínima aislable en el análisis morfológico.

Mutuas de previsión social
Entidades aseguradoras privadas sin ánimo de lucro que ejercen una modalidad aseguradora con carácter voluntario complementario al Sistema de la Seguridad Social obligatorio, mediante la aportación de primas fija o variable de los mutualistas personas físicas o jurídicas, o de otras entidades o personas protectoras.

Obligación
Es el conjunto de deberes contractuales que recaen sobre el empresario en la relación laboral, como el deber de abonar puntualmente el salario, el de respetar las normas sobre jornada laboral y horas extraordinarias, etc.

Prevención de riesgos laborales
Conjunto de actividades o medidas adoptadas o previstas en todas las fases de actividad de la empresa con el fin de evitar o disminuir los riesgos derivados del trabajo.

Publicidad
Actividad profesional que tiene por objeto la divulgación de noticias o anuncios de carácter comercial para atraer a posibles compradores, espectadores, usuarios, etc.

Queja
Es la manifestación de desagrado efectuada por una persona consumidora o usuaria, durante o después de consumir un bien o recibir un servicio que considera insatisfactorio dirigido hacia la persona física o jurídica, o ente sin personalidad jurídica, que lo comercializa o presta, mostrando su disconformidad, sin efectuar reclamación alguna.

Reclamación
Es la manifestación dirigida por una persona consumidora o usuaria ante, durante o después de consumir un bien o recibir un servicio a la persona física o jurídica, o ente sin personalidad jurídica, que la comercializa o presta en el que de forma expresa o tácita pide una restitución, reparación o indemnización, la rescisión de un contrato, anulación de una deuda, la realización de una prestación a la que cree tener derecho, o cualquier otra pretensión, en relación con la solicitud de prestación de un bien o servicio en el que se considera insatisfactorio atendida.

Resolución
Acto administrativo de carácter decisorio que afecta a los derechos e intereses de los administrados, emitido por una autoridad o funcionario público de forma oral o escrita.

Riesgo laboral
Es la posibilidad de que un trabajador sufra un determinado daño derivado del trabajo. Para calificar un riesgo desde el punto de vista de su gravedad, se valorarán conjuntamente la probabilidad de que se produzca el daño y la severidad de este.

SAAC (Sistemas Alternativos y Aumentativos de Comunicación)
Son formas de expresión diferentes al lenguaje hablado que aumentan o compensan las dificultades de comunicación que tienen determinadas personas.

Salud laboral
Aquella que tiene por objeto conseguir el más alto grado de bienestar físico, psíquico y social de los trabajadores en relación con las características y riesgos derivados del lugar del trabajo, el ambiente laboral y la influencia de éste en su entorno, promoviendo aspectos preventivos, de diagnóstico, tratamiento, de adaptación y rehabilitación de la patología producida o relacionada con el trabajo.

Semántica
Ciencia que estudia el significado de los signos lingüísticos y sus combinaciones desde un punto de vista sincrónico o diacrónico.

Semiótica
Rama de la semántica que estudia el significado de las palabras, así como las diversas relaciones de sentido que se establecen entre ellas.

Simpatía
Capacidad para entender, compartir y responder a los sentimientos de los demás.

Sistema kinésico
Es la información que se trasmite mediante movimientos corporales: gestos, posturas corporales, expresiones faciales, miradas, etc.

Sistema paralingüístico
Aquel que está formado por elementos paraverbales, es decir, por elementos vocales no lingüísticos que se producen por los mismos órganos del aparato fonador humano que se utiliza en la comunicación oral.

Sistema proxémico
Establece que la distancia entre las personas que realizan un proceso comunicativo aporta información.

Técnicas directivas
Son aquellas en las que la persona receptora cambia el flujo de la influencia en el proceso comunicativo, ya que dirige la comunicación utilizando preguntas abiertas o cerradas.

Técnicas no directivas
Se conocen también como técnicas facilitadoras de la narrativa e invitan a la persona a expresar libremente el mensaje, por lo que se favorece el buen clima y la confianza.

Bibliografía

Monografías

→ Confederación de empresarios de Pontevedra: *Guía para realizar una comunicación eficaz en prevención de riesgos laborales en la empresa y fomentar la PRL*. Galicia: Fundación Estatal para la Prevención de Riesgos Laborales, FSP, 2019.

> Lectura sobre la comunicación interna en las empresas y cómo conseguir que la misma sea eficaz y eficiente en el ámbito de la PRL.

→ GALAIN, A. I., DAPUETO, J. J. y VARELA, B.: *Manual de habilidades avanzadas de la comunicación para estudiantes de Medicina del segundo trienio*. Madrid: Manuales didácticos, 2018.

> Lectura recomendada para aquellas personas que quieran ampliar sus conocimientos sobre técnicas de comunicación asertiva y empática.

→ Gobierno de Aragón: *Guía de buenas prácticas de comunicación clara*. Aplicación a contenidos web del Gobierno de Aragón, 2023.

> Lectura recomendada para aquellas personas que quieren ampliar conocimientos sobre la comunicación eficaz y eficiente en entornos web.

→ Gobierno de Navarra: *¿Cómo planificar la comunicación desde una institución pública?* Metodología para el diseño de planes de comunicación. Navarra, 2011.

> Lectura recomendada para aquellas personas que quieren ampliar conocimientos sobre los planes de comunicación.

→ MARTÍN Serrano, M.: *Teoría de la comunicación. La comunicación, la vida y la sociedad*. Madrid: McGraw Hill, 2007.

> Lectura sobre la teoría de la comunicación con el que el lector puede comprobar cómo esta teoría influye en su vida. Es un libro sencillo y fácil de entender.

Textos electrónicos, bases de datos y programas informáticos

→ Documentos técnicos sobre riesgos psicosociales, de: <https://www.insst.es/materias/riesgos/riesgos-psicosociales#documentacion>.

> En esta página web podrá acceder a diferentes NTP relacionadas con la comunicación, así como a aplicaciones informáticas que le faciliten la evaluación de riesgos psicosociales y le ayuden a mejorar el bienestar emocional de las personas, recursos para mejorar el bienestar emocional.

→ Estilos de vida saludable, de:
<https://estilosdevidasaludable.sanidad.gob.es/>.

> Visita recomendada a la web que forma parte de la Estrategia de Promoción de la Salud y prevención en el SNS para aquellas personas que quieran ampliar sus conocimientos en estilos de vida saludables y bienestar emocional.